油画《共铸乾坤》（刘宇一、刘浩眉 作）

油画《初春》（刘宇一、刘浩眉 作）

他们已然远去，走进了共和国的史册；
他们一直都在，住进了中国人的心间。

YONGJIU
DE
GANDONG

永久的感动

走近老一辈革命家·风范篇

史全伟 著

海峡出版发行集团
THE STRAITS PUBLISHING & DISTRIBUTING GROUP

福建少年儿童出版社
FUJIAN CHILDREN'S PUBLISHING HOUSE

图书在版编目（CIP）数据

永久的感动：走近老一辈革命家·风范篇 / 史全伟著 . —福州：福建少年儿童出版社，2022.3（2022.6重印）

ISBN 978-7-5395-7594-0

Ⅰ . ①永… Ⅱ . ①史… Ⅲ . ①中国共产党—革命领袖—生平事迹 Ⅳ . ① K827=7

中国版本图书馆 CIP 数据核字（2021）第 168965 号

YONGJIU DE GANDONG

永久的感动
——走近老一辈革命家·风范篇

著者：史全伟

出版发行：福建少年儿童出版社

http://www.fjcp.com　e-mail: fcph@fjcp.com

社址：福州市东水路 76 号 17 层（邮编：350001）

经销：福建新华发行（集团）有限责任公司

印刷：福州德安彩色印刷有限公司

地址：福州市金山浦上工业园区 B 区 42 幢

开本：787 毫米 × 1092 毫米　1/16

字数：237 千字

印张：17　　插页：3

版次：2022 年 3 月第 1 版

印次：2022 年 6 月第 2 次印刷

ISBN 978-7-5395-7594-0

定价：35.00 元

如有印、装质量问题，影响阅读，请直接与承印者联系调换。

联系电话：0591-28059365

前言

■

100 年前，一把思想的铁锤，敲醒了沉睡的雄狮。

100 年前，一把智慧的镰刀，割开了旧世界的枷锁。

中国产生了共产党，这是开天辟地的大事变。从此，中国这片饱经沧桑的土地，被南湖红船播下的革命火种照亮……100 年来，中国共产党团结带领中国人民，以"为有牺牲多壮志，敢教日月换新天"的大无畏气概，书写了中华民族几千年历史上最恢宏的史诗。

历史的深处，演绎着华夏的沧桑巨变；时光的琴弦，弹奏着今朝的辉煌旋律。我们走得再远都不能忘记来时的路。2021 年 7 月，习近平总书记代表党和人民深切缅怀为中国革命、建设、改革，为中国共产党建立、巩固、发展做出重大贡献的毛泽东、周恩来、刘少奇、朱德、邓小平、陈云同志等老一辈革命家。

书中讲述的 9 位老一辈革命家，是以毛泽东同志为核心的党的第一代中央领导集体和以邓小平同志为核心的党的第二代中央领导集体的重要成员。他们为祖国和民族建立的丰功伟绩永载史册！他们的崇高精神永远铭记在人民心中！

2021 年 7 月

序

■

　　不忘初心，方得始终。对社会主义和共产主义的坚定信念，百折不挠地为中国人民谋幸福，为中华民族谋复兴，是中国共产党人能经受住种种考验的精神支柱。毛泽东、周恩来、刘少奇、朱德、任弼时、邓小平、陈云、叶剑英、李先念等中国共产党老一辈领导人在方方面面为我们做出了永远值得学习的榜样。

　　历史的长河有如大浪淘沙，昭示出历史缔造者的动人风采。本书展现的9位共和国领导人的光辉业绩和崇高精神，既有共同之处，又有风格各异的个人特点，如毛泽东的"为有牺牲多壮志，敢教日月换新天"，周恩来的"大贤秉高鉴，公烛无私光"，刘少奇的"真理寻求得，平生能坚持"，朱德的"肚量大似海，意志坚如钢"，任弼时的"抱病筹谋蜡炬红，路遥负重骆驼行"，邓小平的"寓精妙于质朴，寄伟大于平实"，陈云的"个人名利淡如水，党的事业重如山"，叶剑英的"矢志共产宏图业，为花欣作落泥红"，李先念的"大义当头亮高风，马上将军公仆心"。看看老一辈革命家的光辉革命业绩和崇高革命风范，就能进一步了解中国革命能取得成功，社会主义事

1

业能在中国打下坚实的基础，并不断取得新的胜利，是离不开这样一批杰出的革命领袖的。他们坚守信仰、一心为民；思想卓越、宏图大略；严于律己、率先垂范。

今天，我们正处在全面建设社会主义现代化国家的新征程，需要学习的东西很多，承继和发扬老一辈革命家的崇高风范，仍然是一个常学常新的课题。一切有志于中华民族伟大复兴事业的人们，都可以而且应该通过了解和研究老一辈革命家的丰富实践，探求他们的思想轨迹，触摸他们的精神世界，感悟他们的人格魅力，从中汲取能鼓舞我们不断奋发前进的思想力量。

著名中共党史和中国近代史专家，中国史学会原会长

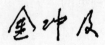

目录

毛泽东

的

故事

　　毛泽东（1893年12月26日—1976年9月9日），伟大的马克思主义者，伟大的无产阶级革命家、战略家、理论家，是马克思主义中国化的伟大开拓者，是近代以来中国伟大的爱国者和民族英雄，是党的第一代中央领导集体的核心，是领导中国人民彻底改变自己命运和国家面貌的一代伟人。毛泽东同志从青年时代起，就确立马克思主义的信仰，立志献身于中国人民的革命事业。在民主革命漫长的征途上，毛泽东同志创造性地提出了完整的新民主主义革命的理论。以他为代表的中国共产党领导人，指引党和人民战胜艰难险阻，推翻了帝国主义、封建主义和官僚资本主义的反动统治，创建了中华人民共和国，使灾难深重的中华民族在世界的东方站立起来了。

中国革命如果没有毛泽东同志的领导，正如邓小平同志所说，"至少我们中国人民还要在黑暗中摸索更长的时间"。新中国成立后，毛泽东同志领导党和人民继续前进，开创了一条适合我国国情的社会主义改造的道路，确立和奠定了社会主义制度，使我国经济文化事业获得了历史上从未有过的巨大发展。随后，毛泽东同志在如何建设有自己特色的社会主义道路问题上，进行过许多有益的探索，提出过不少重要的设想，为我们今天建设中国特色社会主义开了先河。在毛泽东同志一生的最后几年，他仍然警觉地注视祖国的独立和安全，准确地把握住世界形势的新发展，为我国开辟了对外关系的新格局。毛泽东同志为中国新民主主义革命的胜利、社会主义革命的成功、社会主义建设的全面展开，为实现中华民族独立和振兴、中国人民解放和幸福，做出了彪炳史册的贡献。毛泽东同志毕生最突出最伟大的贡献，就是领导中国共产党和中国人民找到了新民主主义革命的正确道路，完成了反帝反封建的任务，建立了中华人民共和国，确立了社会主义基本制度，取得了社会主义建设的基础性成就，并为我们探索建设中国特色社会主义的道路积累了经验和提供了条件，为党和人民事业胜利发展、为中华民族阔步赶上时代发展潮流创造了根本前提，奠定了坚实的理论和实践基础。

乐于助人的少年

毛泽东自幼生活在农民中间。贫苦农民受剥削、受压迫的悲惨生活，在他幼小淳朴的心灵上留下了深深的烙印。毛泽东深切同情农民的苦难遭遇，在陕北时，他曾总结道："我这个人平时不爱落泪，只有三种情况下流过泪：一是我听不得穷苦老百姓的哭声，看到他们受苦，我忍不住要掉泪……"

念书时，私塾离家不远，毛泽东本来可以不带午饭，但他发现有个名叫黑皮伢子的同学因为家里穷，虽然住得很远却从不带午饭。于是，毛泽东便向母亲提出要带午饭上学。

母亲感到奇怪，问："你带午饭干什么？就这么几脚路，还怕迟到吗？"

毛泽东解释说："中午带了饭自然好些，一放下饭碗就读书写字，不会耽误工夫。"

父亲毛贻昌对儿子如此用功读书，感到十分高兴，马上表示赞成，并补充道："记着！莫和人家比阔气，别带什么荤菜，带点儿酸菜，再加点儿剁辣椒就行。"尽管父亲这样要求，但母亲还是会偷偷夹一些荤菜，埋在米饭下面，让儿子吃得好一点儿。

没想到的是，毛泽东放学回来总是嚷肚子饿，一到晚饭时间，就狼吞虎咽起来，好像中午没吃过东西似的。母亲感到奇怪，就问儿子怎么回事。毛泽东如实告诉母亲，班上有个叫黑皮伢子的同学，家里穷，没带午饭，所以他就把自己带去的饭菜分了一半给黑皮伢子吃。

母亲听后，慈爱地笑笑，赞许地说："你这样做当然好，就是不应该瞒着我。你要是早告诉我，我就会给你一个大篮子，装上两个人的午饭，免得你们俩都吃不饱。"

一次上学路上，毛泽东遇见一个穷苦少年，那少年身上只穿着一件单衣，在风雪中冻得直打战。毛泽东同他边走边谈，得知他家境贫寒，毛泽东非常同情，于是脱下自己身上的夹衣送给了他。第二年，母亲晒衣服时发现少了一件夹衣，毛泽东才把此事告诉母亲。

秋收时节，家家户户都要晒新谷。一天下午，几阵风过后，忽然乌云密布，暴风雨即将来临。毛泽东正要抢收自家的谷子，突然发现邻居的晒谷场上只有毛四阿婆一人收谷子。毛泽东立刻赶去帮忙，抢在下雨前把毛四阿婆的谷子收了起来。

当毛泽东赶到自家晒谷场时，瓢泼大雨哗啦啦地下来了，自家快晒干的稻谷被淋湿了，还被雨水冲走了一些。父亲十分心痛，对着迟来的浑身湿淋淋的毛泽东发火，责问他跑到哪里去了。

毛泽东帮助邻居抢收谷子（画照）

毛泽东回答："在下面禾坪里帮毛四阿婆收谷子。"

父亲听后非常生气，大声说："哼！自己的谷子都流到沟里去了，你倒好，胳膊肘往外拐，帮人家收！"说着，扬起手来要打毛泽东。

毛泽东站在原地一动不动，理直气壮地说："人家佃了别个的田，要交租，冲走一点儿都了不得；我们是自己的，又比人家多些，冲走一些也不太要紧……"

父亲气得不得了，吼道：

"你说不要紧，你还吃不吃饭？"

毛泽东倔强地说："好喽！我一餐少吃一口，这总可以了吧？"这时，母亲赶来劝解，父亲才不作声了。

有一次，附近一户人家把一口大猪卖给了毛泽东家，双方说好了价格，毛家也交了定金。过了六七天，猪价上涨了，父亲让毛泽东带着钱把猪赶回来。毛泽东到了那户人家后，一个衣衫褴褛、面容憔悴的老阿婆唉声叹气，直抱怨自己运气不好，她说："唉！该你们家赚钱啰！"

1919年春，毛泽东同母亲文素勤，弟弟毛泽民（左二）、毛泽覃（左一）在长沙合影

毛泽东问怎么回事。老阿婆说："我家的猪定给你们时价钱低，现在猪价涨了。有钱人家损失这几块钱算不了什么，我家少收几块钱就是一个大空缺啊！"

毛泽东听了这番话，很同情她，便说："我不赶你家的猪了，你卖给别人吧！"

父亲见毛泽东空着手回家，便着急地问怎么回事。毛泽东照实讲了。父亲生气地骂他有钱不赚是傻子，是败家子！后来，经过母亲的一番劝解，这事才算过去。

毛泽东11岁那年，父亲想买下堂弟毛菊生赖以活命的7亩田产。毛泽东联合母亲一致反对，他俩觉得应该设法周济毛菊生一家，于是悄悄送了些白米、腊肉给毛菊生。父亲则认为用钱买田天经地义，自己不买，别人也会买。母子俩怎么劝都没用，最后还是父亲说了算。

这件事在少年毛泽东的脑海里留下了极其深刻的印象。中华人民共和国成立后，毛菊生的儿子毛泽连到北京，毛泽东曾几次对他谈起这事，并说："旧社会那种私有制，即使是兄弟间也不顾情面，我父亲和二叔是堂兄弟，到买二叔那7亩地时，就只顾着自己发财，怎么劝说都听不进去。后来我想，只有彻底改造这个社会，才能根绝这类事，于是，便下决心要寻找一条解救穷苦农民的道路。"

"奋斗"其乐无穷

在湖南第一师范就读期间，毛泽东非常注重锻炼身体，磨炼自己吃苦耐劳的坚韧品格。

毛泽东喜欢踢足球，而且技术相当出色。湖南第一师范校志记载：毛泽东青年时代求学时所在的"一师"就有了现代足球队，当时的教练是一位德国人，毛泽东是守门员。

当年的湖南长沙师范学校学生陈子展回忆，毛泽东踢球时认真勇敢，守门时沉着冷静，两眼紧盯着来球，射来的球大多能被他接住。队员们很佩服，称他为"足球健将"。

学校的浴室旁有一眼清凉的水井，毛泽东常来这里洗冷水浴。当学校几百名同学还沉浸在梦乡时，毛泽东就早早起来穿好衣服，带上罗布浴巾来到水井边。他打上水后，将水倒在脱光了衣服的身上，接着用毛巾使劲擦拭全身，擦后又淋，淋了再擦，直到皮肤发红发热为止。穿上衣服后，接着做一些简单的运动，活动身体各个关节，直到天色发白才回教室学习。

毛泽东最初试洗冷水浴是在夏天。到了冬天，即使天空飘雪，池水结冰，他也从未间断过。有几个同学曾跟着毛泽东一起洗冷水浴，但天气一冷，有的同学就不来了，没有一个人像他那样坚持到底。

同学们不解地问："天寒地冻，把冷水往身上泼，你不觉得难受吗？"毛泽东说："洗冷水浴最初的感觉是很难受，但想到洗冷水浴的诸多好处，我就咬牙坚持下来，久而久之，我就从勉强到不勉强，接着我就习惯成自然，不会感到难受和怕什么困难了，甚至还体会到洗冷水浴的乐趣，我的意志也得到了锻炼。"

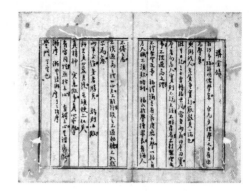

毛泽东学生时代手书的《讲堂录》

毛泽东青年时代养成的洗冷水浴的习惯，数十年如一日地坚持下来，直到晚年，他还坚持不用热水洗澡。

除了坚持洗冷水浴，毛泽东还经常做其他形式的锻炼，以"文明其心灵，野蛮其体魄"。

有一次，大家在运动场上正玩得高兴，忽然天降大雨，同学们纷纷四处找地方避雨，毛泽东却没有走。等到大家都跑光了，他却脱去上衣，站在大雨里淋洗。

雨中，毛泽东一边挥臂做伸展运动，一边不断拭抹淋在脸上影响视线和呼吸的雨水。同学们问毛泽东这样做有何意义，他回答："这是天雨浴，可以提高一个人抵抗风雨侵袭的能力。"

寒冬来临，北风呼啸，毛泽东或走到校外空旷的地方，或爬上学校后面的妙高峰，脱掉棉衣，只穿着薄薄的衬衫，让寒风直吹，并且迎着寒风跑跳。毛泽东把这种活动称为"风浴"。

毛泽东在锻炼身体的同时，还十分注重锻炼意志和胆量。

毛泽东认为，野外露宿也是一种锻炼胆量、磨炼意志的好方法。他常邀朋友到学校后山的君子亭，岳麓山的爱晚亭、白鹤泉和湘江中的橘子洲头等处露宿。一年暑假，毛泽东与蔡和森、张昆弟住在岳麓山爱晚亭里，每人只带一条毛巾、一把雨伞和随身衣服，每天只吃一顿蚕豆饭，既废朝食，也无晚餐。他们除了锻炼，就是读书、看报及思考讨论问题。夜幕降临、百鸟归巢时，他们还在热烈讨论，直到夜深人静大家都疲倦了，才各自找个地方露宿到天明。

一天清晨，几个游人来到岳麓山，见庙旁露天的一条长板凳上睡着一个人，头脚都用报纸盖着，顿时觉得奇怪并议论起来。游人的声响吵醒了那个人，只见他翻过身，收拾好报纸就走了。此人正是毛泽东。原来，夏夜山上蚊子多，毛泽东只好用报纸盖着身子睡觉。

毛泽东学生时代的锻炼是多方面的，不仅有体格的锻炼，还有意志的锻炼、能力的锻炼、品格的锻炼，这为他日后南征北战和参加二万五千里长征打下了坚实的基础。毛泽东曾豪迈地写道："与天奋斗，其乐无穷！与地奋斗，其乐无穷！与人奋斗，其乐无穷！"

3

征服大雪山

1935 年 6 月，中央红军在党中央和毛泽东的指挥下，按照既定战略目标向北进发。这时，一座大雪山——夹金山挡在了中央红军的面前。

夹金山，又名仙姑山，位于四川省宝兴县城西北，是一座海拔 4900 多米的大雪山。山上终年积雪，空气稀薄，当地人说只有神仙才能飞过此山，可见自然条件多么恶劣。在党中央和毛泽东的号召下，广大红军指战员吃了些东西，喝完辣椒水，把能穿的、能御寒的家当全用上了，憋足了劲儿，准备征服眼前这座庞然大物。

刚开始，雪并不深，路旁还有一些干枯的茅草，还算好走。走了 20 多分钟后就不行了，雪越来越深，不用说干枯的茅草了，连块石头都看不见，一步不小心就掉进深深的雪窝里，半天爬不上来。

毛泽东在长征前患过一次严重的疟疾，还没等完全康复就踏上了漫漫长征路。此时，毛泽东走在警卫战士的前面，面容消瘦而憔悴，身穿单薄的夹衣夹裤，脚蹬黑布鞋，手里拄着一根木棍子，艰难地攀登着。毛泽东一会儿从兜里掏出辣椒放进嘴里嚼着，一会儿招呼身边的战士："加把劲，不要歇着，要一鼓作气，翻过山顶就好了。"不久，毛泽东那单薄的灰衣夹裤就被积雪浸透了，那双薄薄的黑色布鞋更是被冻得闪闪发亮。

"主席，"警卫员陈昌奉走上前，好不容易站稳后说，"这山太难上了，我们扶着您吧。"

"不！"毛泽东手一挥，边走边说，"你们和我一样嘛。"

其实，毛泽东已明显感到体力不支。他有一匹黄骠马，战士们都劝他骑马，即使不骑，拉着马尾巴也能安全些、省力些。毛泽东微笑着说："马，首先应该让给伤病员和体弱的女同志。多一位同志爬过这雪山，就为革命多保存一份力量啊！"

红军翻越的大雪山

《红军过雪山》（油画，艾中信 作）

行至半山腰，忽然刮起了暴风，乌黑的浓云把太阳遮住了，贴着山头打着滚儿向一处集中，越聚越浓重。刹那间，天就变黑了。暴风掀起山上的积雪，没头没脑地朝战士们迎面扑来。

"主席，又要下雪了吧？"陈昌奉赶了几步走到毛泽东跟前，拉着他的衣角说。

"是啊！"毛泽东迎着暴风抬头望去，"马上就要下了。让大家做好准备。"

毛泽东的话刚说完，一阵鸡蛋大小的冰雹呼啸着打了下来。此时，战士们就像置身于惊涛骇浪中的小舟一般，撑着的雨伞和披着的油布都失去了作用。警卫员们立刻用手臂把油布撑起来，毛泽东和战士们躲在油布下避冰雹。这时，人喊声、马叫声、震耳欲聋的雷声、呼啸的风声混合在一起，简直如天崩地裂。

过了一会儿，暴风雪骤然停止，火红的太阳又冒了出来。大家把油布收好，互相拍打着身上的雪，继续往前走。

越往上走，积雪越深，气压越低，呼吸越来越困难。即便是这样，毛泽东也不让战士们照顾自己，他还时刻关心着周围的同志。有的战士一不小心陷入深雪中，毛泽东总是在他们最需要帮助的时候，伸出温暖的大手。

一次，警卫员吴吉清掉进了雪坑。爬上来后，他大发牢骚："这叫什么鬼山！我宁肯翻 10 座山岭，也不愿走这么一座雪山！"吴吉清是南方人，下雪都很少见，更别说这么大的雪山了。

毛泽东以高度的革命乐观主义精神鼓励他："那你应该走走。这艰苦对于年轻人是很好的锻炼！很有乐趣嘛！"

吴吉清觉得毛泽东讲得有道理，使劲点头，不再埋怨了。

终于到山顶了。在雪山之巅，漫天的白雪之上，一面鲜艳夺目的红旗迎风飘扬。有的战士大概是因为太累了，脸色发白，嘴唇发黑，索性躺了下来。毛泽东上来后，一见这种情景，连忙走到战士们中间，温和地说："同志们，不能在这里休息呀！这里空气稀薄，有危险。再加一把劲儿，下山后我们就和四方面军会师啦！"

毛泽东这么一鼓劲，大家的精神马上被提了起来，"哄"的一声，大家一齐向山下滑去。"'坐汽车'喽！"战士们一边往山下滑，一边兴奋地喊着。毛泽东和战士们一样，把一条夹被围在腰间，连跑带滑地往山下冲去……

巍峨的大雪山，终于被毛泽东领导的中央红军征服了。战士们跟着毛泽东战胜了风雪严寒，翻过了雪山，与红四方面军胜利会师。

4
不搞接接送送

马列学院是马克思列宁学院的简称，是抗日战争时期中共中央创办的以学习研究马克思列宁主义基本理论为教学重点的学校。当时的延安正处在最困难的时期，物质条件极其艰苦。

1939 年秋的一天，按原定的日程安排，毛泽东要到马列学院做报告，学院领导决定派邓力群等四人去杨家岭接毛泽东。四人很是为难，毛泽东是党中央主席，接他来做报告，即使不讲究排场，也总得像个样子吧！

学院领导张启龙开导他们说："毛主席和中央领导同志知道我们的情况，不要紧，去吧。主席很忙，做报告不是什么紧急的事，不知能不能排上主席的议事日程。你们早点去，如有变化，我们好另行安排课程。无车无马就陪主席走走吧！"

就这样，四人怀着忐忑不安的心情去接毛泽东。

从马列学院到杨家岭，大约有5公里，中间横着延水河。当邓力群四人来到延水河桥头时，不禁愣住了，对面匆匆而来的不正是毛泽东吗？

"你们四个风风火火的，要干啥子去呀？"没等邓力群他们开口，毛泽东倒先搭话了，只见他的破布鞋上蒙上了一层薄薄的黄土。

"学院领导派我们来接主席。"邓力群回答。

毛泽东笑了笑，幽默地说："接我？嗯，我晓得的，是怕我忘了今天有报告会吧？你们放心好了，学院给我的任务，那是忘不了的。"

"是要我们来接主席的。我们来晚了，很不像话！"邓力群自责道。

"哦，是这样吗？"毛泽东环顾四周，问道，"那么，轿子呢？"

"这个……"

"你们来了几个人呀？"

"四个。"

"四个不够，太少了！"毛泽东摆摆手。

"主席，要得了那么多吗？"邓力群感到疑惑。

"当然要那么多。下回来时，再加上四个。"毛泽东笑着说。

看到四人不解的神情，毛泽东说道："你不是说要'像话'吗？索性来个八抬大轿，又威风，又体面，那才'像话'呢！要是还有人，再来几个鸣锣开道的，派几个摇旗呐喊的，你们说好不好？"

毛泽东的一席话，把邓力群他们都逗笑了。毛泽东一边笑一边摆手，继续说："那才真是'不像话'呢，对不对？这样做有点不好，一个人做报告要四个人接，要不得！要不得！"

"主席批评得对！"邓力群连连点头。

"你们想，封建社会皇帝出朝，要乘龙车凤辇；官僚出阁，要坐八抬大轿，前簇后拥，浩浩荡荡，'回避肃静'，摆威风。但是，那些都是过去陈腐不堪的等级观念了。而我们呢，则是全新的。

"我们是共产党人，是讲革命的，要革皇帝、官僚的命，把旧世界打它个落花流水。我们既然要革命，既然要和旧的制度决裂，就万万不能沾染官僚习气。从杨家岭到马列学院，5 公里

毛泽东在延安给干部做报告

的路，二万五千里长征都走过来了，这几步路算得了什么？我又不是不知道路，不要接接送送的嘛！我们要养成一种新的风气——延安作风。

"为民族求解放，为人民谋利益的共产党人，与封建社会的官僚和腐败的国民党人是毫无共同之处的！我们要用延安作风代替西安作风。党的主席亲自去讲课，解决思想中存在的问题，不搞接接送送，这都是延安作风。延安作风是一整套生活方式，它包括各个方面，它是自上而下形成的，是通过示范而光大的！"毛泽东严肃地说道。

一路上，他们边走边聊，毛泽东详细地向四人询问并了解了马列学院的情况，没多久就来到了马列学院的礼堂门口。

临别时，毛泽东说："韩愈的《师说》是有真知灼见的。'生乎吾前，其闻道也固先乎吾，吾从而师之；生乎吾后，其闻道也亦先乎吾，吾从而师之。'谢谢你们！然而我还是要坚持一条原则，再做报告时，不搞接接送送了。"

报告还没开始，邓力群等四人就已先上了一堂生动的教育课。毛泽东善于抓住身边的小事来教育广大干部战士，以自己的一言一行，为"延安精神"作了很好的诠释。

陈嘉庚眼中的穷人领袖

陈嘉庚是著名爱国华侨领袖，早在 1937 年中国全民族抗战开始时，他就组织并领导南洋华侨筹赈祖国难民总会，为祖国抗战事业做出了巨大贡献。

1939 年冬，陈嘉庚发起组织南洋华侨回国慰劳考察团，毅然决定亲自率团回国。考察团先在国统区作了一番考察，看到国民党贪污腐败、民气不振，深感失望。陈嘉庚不顾蒋介石的阻挠，决定到延安考察。

6 月 1 日下午，毛泽东在杨家岭住地亲切接见了陈嘉庚一行。

毛泽东衣着朴素，蓄着长发，面容消瘦。他的卧室兼办公室也极简朴，墙壁上挂着一张地图，室内摆放着一张办公桌、几把木椅和一条长板凳，仅此而已。

这真是一位穷人的领袖！陈嘉庚问毛泽东："您的作息时间是怎样安排的？"

毛泽东笑了笑："我习惯在夜间工作，鸡鸣后始睡。"

陈嘉庚摇着头："这不妥，这不妥。您最好在白昼工作，这或许更有利于健康。另外，最好另建房屋专作办公用，敌机如来才进窑洞内。"

晚上，毛泽东在自己窑洞的院子里请陈嘉庚用餐。一会儿，朱德等人也来了，大家安然入座，没有起立、敬礼等礼节。

虽是一党的领袖宴请

1940 年 5 月，南洋华侨领袖陈嘉庚率领回国慰劳视察团抵达延安时，受到延安各界热烈欢迎

华侨领袖，饭菜却十分简单。十余人围坐一桌，一块陈旧无光的圆桌布铺在一张旧方桌上，四张白纸覆盖桌面以代桌巾，开宴之前，一阵风把白纸吹落，就干脆不用了。陈嘉庚不知出席过多少盛宴，这是平生第一次出席重要人物邀请的俭朴宴会，感触很深。抗战艰难时期，共产党的领袖除了特有的机智和勇武之外，几乎和普通群众没有两样。

吃完饭，毛泽东和朱德陪同陈嘉庚来到中央党校内的中央大礼堂，参加"延安各界欢迎陈嘉庚先生"晚会。整个礼堂没有一把椅子，所有座位都是钉在木桩上的长木板。陈嘉庚紧挨着毛泽东坐下，感受着边区人民的热情与朴实。

轮到陈嘉庚讲话了。他正正衣襟，走上主席台，说道："我们来延安后，得以与中国共产党、八路军诸领袖畅谈，亲耳听到许多话，使我们万分相信祖国的抗战一定没有问题，我也会将此言宣达给南洋各侨胞。"

陈嘉庚原计划只在延安访问 3 天，后因两名同伴病倒，便又多留了几天。其间，毛泽东和朱德多次找陈嘉庚深入交谈，也使陈嘉庚有了从侧面了解毛泽东的机会。一次，陈嘉庚和毛泽东闲谈南洋的情况，很多人跑来听，顷刻间，所有座位都满了。一名勤务兵晚到了一会儿，发现长板凳上毛泽东身边略有空隙，便侧身挤了过去。毛泽东笑着看了他一眼，把自己的身体移开了一点儿，让勤务兵坐得舒适些。

延安华侨联合会安排了一些华侨男女青年给陈嘉庚当翻译，或组织他们座谈。在这些华侨子女面前，陈嘉庚显得特别轻松愉快，询问的问题多，而且直来直去，不绕弯子。陈嘉庚反复问大家：毛泽东领导的共产党、八路军是真的打日本还是打内战的？共产党是否不讲伦理道德？毛泽东关心不关心老百姓的生活？陕北老百姓拥护不拥护毛泽东、共产党？你们又是怎样到延安来的？生活习惯不习惯？……

青年们一一如实相告。陈嘉庚了解了共产党、八路军是真正代表穷苦人的，不但与日本侵略者英勇作战，而且开展大生产运动，减轻人民负担，改善群众生活。陈嘉庚十分激动与钦佩。

短短几天时间，陈嘉庚在延安参观了工厂、学校、商店、市场。抗大学员送给他一套八路军灰色军服。这套粗布衣服凝聚着敌后浴血抗战的军民对坚决支援抗战的爱国侨胞的敬意，陈嘉庚欣然收下了。为表示心意，陈嘉庚特向延安中央医院捐款 3000 元。

回到重庆后，陈嘉庚从国共两党占领区的实际情况及国共关系出发，希望国民党能实行民主与团结的政策，积极抗日。国民党当局不但不考虑这一公正建议，反而指责陈嘉庚"自访问西北后，态度转向媚共"。陈嘉庚不以"媚共"为耻，而以亲共为荣，他认为与国统区相比，延安才是中国的希望所在。

陈嘉庚对身边的人说："我未往延安时，对中国

1949 年 6 月，毛泽东同爱国华侨领袖陈嘉庚（左）在中南海合影

的前途甚为悲观，以为中国的救星尚未出世，或还在学校读书。其实此人已经四五十岁了，而且做了很多大事了，此人现在延安，他就是毛主席。"

父子重逢

　　1927年大革命失败后，毛泽东回到岳父杨昌济先生的老家湖南板仓，看望先期回乡的夫人杨开慧和3个儿子。没待几天，毛泽东便踏上征程，发动和领导秋收起义去了。当时，毛泽东的长子毛岸英才5岁，次子毛岸青3岁多，三子毛岸龙刚出世。可是，为了中国革命事业，毛泽东别妻离子，后又从湖南上了井冈山，点燃了燎原的"星星之火"。

　　杨开慧牺牲后，中共地下党经过多方努力，找到了毛岸英三兄弟。不久，毛岸龙因患细菌性痢疾逝于上海。几经周折，直到1937年初，毛岸英和毛岸青兄弟俩才由党组织送到苏联。在那里，他们接受了正规的教育和训练。

　　在延安过着艰苦生活的毛泽东，十分挂念远在苏联的两个儿子。繁忙的工作之余，毛泽东关心儿子们的学习，更关心他们在思想方面的成长。

　　抗战胜利后，毛泽东因积劳成疾，得了一种怪病：身心不能紧张，一紧张便头晕目眩，四肢打战，大汗淋漓……当时，国内的医疗条件有限，尽管医生们想尽了办法，可还是无法使毛泽东的病情有所好转。大家束手无策，只好向苏联求助。苏联派了红军将军级外科医生阿洛夫和内科医生米尔尼柯夫到中国来，同行的还有毛泽东的长子毛岸英。

　　飞机降落在延安简易的机场上，站在跑道边的毛泽东以及欢迎的同志们马上迎上前去。

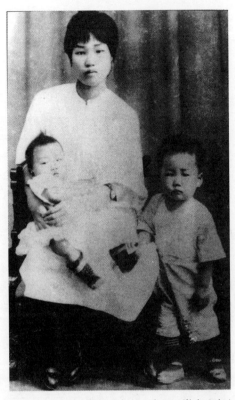

杨开慧与长子毛岸英（右）、次子毛岸青（左）合影

第一个走出飞机的便是毛岸英。尽管多年没有见过父亲了，但这些年来，毛岸英从父亲寄到莫斯科的照片以及电影、画报上已无数次看到过父亲的魁伟形象，所以他一下就认出了父亲。

天这么冷，父亲这么忙，又有病在身，还亲自到机场迎接，毛岸英很感动。因此，他快速走下飞机舷梯，飞奔到父亲跟前。

毛泽东迎上前去，张开手臂，紧紧地抱住儿子，凝视着比自己还高的儿子，说："你长得这么高了！"毛岸英以苏联式的奔放热情，紧紧地搂着父亲，不断地呼喊着："爸爸、爸爸，我多想你啊！"听着儿子亲切的呼唤，毛泽东的眼睛湿润了，他轻轻地说："我也一样想你啊！"

毛泽东仔细打量着儿子，只见他脚踩牛皮靴，身穿苏军呢子大衣，那帅气的面庞上，特别是开阔的眉宇间，既有母亲杨开慧的影子，又有父亲的遗传特征——天庭饱满。毛岸英也盯着毛泽东，见他穿着一身又肥又大的土灰棉衣，加上他那一口改不了的韶山土话，便觉得既好笑又亲切。

有了苏联专家的诊治，特别是阔别多年的儿子回到自己的身边，这比任何特效药都更有疗效，毛泽东的病很快就痊愈了。

1946年2月，毛岸英被安排到中共中央宣传部工作。因在苏联生活多年，毛岸英来到延安后，依旧保持着西方的生活方式，穿着苏军制服，说话幽默，逗得大家捧腹大笑，舞蹈也跳得很好，在延安许多革命同志中显得有点特立独行。

起初，对儿子的衣着，对儿子说话手舞足蹈、比比画画、耸肩吐舌之状，毛泽东只是默默地瞟去两眼。后来，毛泽东终于忍不住了，先是让毛岸英脱下那身苏军制服和大皮靴，换上自己穿过的旧棉衣、旧棉裤和用边区纺的粗毛线织的毛背心、毛袜子。不久，他又让儿子从自己那里搬到中央机关去住。

一天，毛泽东突然问毛岸英："你吃什么灶？"

毛岸英如实回答："中灶。"

毛泽东一听便生气了，责问儿子道："你有什么资格吃中灶？你应该跟战士们一起吃大灶。"

虽然毛岸英肠胃有毛病，但他仍愉快地听从了父亲的劝说，改吃大灶。一个受欧式教育、习惯了吃西餐的人，从吃面包、喝牛奶到吃小米、啃窝窝头，该是多么难的转变啊！

后来，毛泽东又让毛岸英深入社会这个大课堂，拜工农为师，上"劳动大学"，向实践求真知。中华人民共和国成立后，毛泽东又让毛岸英到工厂学习管理和生产，接受工人阶级教育。

父母对子女都有舐犊之情，同时，父母又是子女的第一任老师。毛泽东对青年一代的希望，表现在对子女的严格要求上。他希望青年做到的，首先要求自己的子女做到。

7

战无不胜的"法宝"

在饮食上，毛泽东一直提倡大众化，反对搞特殊、铺张浪费，他平时最大的享受就是吃一碗红烧肉。毛泽东喜欢蘸着辣椒、酱油等作料吃红烧肉、肘子肉，而且特别爱吃肥肉，他认为能有一顿红烧肉吃就是大补了。现在的人听了，大多不敢相信。

解放战争打沙家店时，毛泽东"运筹帷幄，决胜千里"，歼灭了国民党整编第36师，俘敌6000多人。战斗结束后，毛泽东对身边的李银桥说："银桥，你想想办法，帮我搞碗红烧肉来好不好？要肥点儿的。"

"打了这么大的胜仗，吃碗红烧肉还不应该？我马上去。"李银桥说。

毛泽东摇摇头："我不是那个意思。这段时间用脑子太多，你给我吃点儿肥肉，对我脑子有好处。"

李银桥请厨师烧了一碗红烧肉。毛泽东先用鼻子深深地嗅了嗅香味，赞叹道："真香哪！"随后抓起筷子，三下五除二吃了个碗底朝天。

毛泽东放下碗，见李银桥目瞪口呆地立在一边，忽然孩子气地笑道："有点

在一间斗室里，毛泽东思考着要打具有决定意义的大仗，筹划着即将到来的大决战。这是以此为背景创作的油画《决战前夕》（高虹 作）

儿馋了。吃点儿肥肉对我有好处，补补脑子……打赢了，我的要求不过分吧？"

"不过分。主席要求得太少了，太低了。"李银桥的眼圈一下子就红了。俘敌 6000 多人，毛泽东却只要求吃一碗红烧肉！

"不低了。战士们冲锋陷阵也没吃上红烧肉呢！"毛泽东摆摆手说。

自此，李银桥等卫士们知道了毛泽东爱吃红烧肉，吃红烧肉是为了补脑子。所以，每逢大仗或毛泽东连续写作几昼夜，卫士们便想方设法给他烧一碗红烧肉。

1947 年底，延安大食堂断了粮，战士们天天吃煮黑豆，吃得人人胀肚，没完没了地放屁。毛泽东的生活也很苦，但在如此困难的环境下，他仍然写下了《中国人民解放军宣言》等大量文章。工作人员心里很急，粮食都吃不上，去哪里找红烧肉啊？

幸亏贺龙托人从河东捎来一块腊肉，李银桥忙叫炊事员炒了一小碟给毛泽东补补脑子。腊肉端上桌后，毛泽东问明来历后，便叫李银桥撤下去，说："你们想叫我吃下去，可是我怎么能吃得下去呢？"

李银桥说："这是为了补脑子，为了工作，可不是为了享受。"

"脑子是要补，可是也要讲条件，条件不同，补脑子的方法也不同。银桥啊，你给我梳梳头吧。"毛泽东说。

就这样，那块腊肉再没人动，一直保存到新年前，才用于款待从华东赶来开会的陈毅。

毛泽东说补脑子要讲条件，可是到西柏坡后，条件好了，他还是过得很简朴。1948 年"九月会议"期间，卫士给毛泽东做了两次红烧肉。见毛泽东很劳累，卫士们想方设法找点好东西给毛泽东吃。为了变变样，卫士们还曾出去打斑鸠。

毛泽东知道后，嘱咐卫士们道："你们不要为我吃的东西费力气，一个星期给我吃两次肥肉，那就足矣。"此后，卫士们就按毛泽东的吩咐，每星期保证让他吃上两顿红烧肉。

济南解放了。当毛泽东挥着攻克济南的电报时，一名卫士调皮地将其与红烧肉联系了起来，说："主席吃了红烧肉，指挥打仗没有不赢的。"

毛泽东指挥气势磅礴的三大战役，那是多少个不眠的日日夜夜啊！同志们担心毛泽东的身体，商量着如何保证他的饮食。毛泽东却提出："只要一星期给我保证两顿红烧肉，我肯定能打败蒋介石！"

中华人民共和国成立后，毛泽东要吃红烧肉时，工作人员尽量不让他吃太肥的，而给他吃烧肘子肉。随着年龄的增长，医生认为毛泽东不宜吃肥肉、鸡蛋等胆固醇含量高的食物，于是毛泽东的餐桌上便很少出现红烧肉了。

如果长时间没有吃上红烧肉，毛泽东就会亲自到厨房，诙谐地说："怎么，是不是最近张飞没赶集了？"这时候，炊事员便立马做一碗，让毛泽东解解馋。

可是，三年困难时期，毛泽东硬是带头7个月不吃肉，在饮食上连红烧肉这仅有的"奢华"也省了。

毛泽东为什么爱吃红烧肉？根据他自己的解释和身边工作人员的分析，原因有两个：第一，吃红烧肉有补养作用，就像毛泽东自己说的那样，可以"补脑子"；第二，红烧肉不是山珍海味，好解决，老百姓也常如此改善生活，不算脱离群众。

共和国主席长子的婚事

1948年5月，毛岸英来到西柏坡，在中共中央宣传部任编辑助理。这时，刘谦初烈士的女儿刘思齐到西柏坡探亲，住在毛泽东家里。两个年轻人接触多了，彼此便产生了爱恋之情。随着感情的进一步加深，二人希望早日结婚。

1948年8月的一天，毛岸英和刘思齐来到毛泽东住处，征求他的意见。

明白二人的来意后，毛泽东和蔼地说："你们俩都同意，我没有什么意见。

你们接近、交往，早已跟我说过了，我早同意了。我没有意见，同意你们结婚。结婚后，你们要好好工作，好好学习。"

毛岸英和刘思齐起身准备离开，毛泽东突然又冒出一问："岸英是1922年生的，思齐你是哪一年生的呀？"

"我是1931年生的。"

"1931年生的？岸英比你大八九岁呢，你到18周岁了吗？"

刘思齐回答："只差几个月就到了。"

毛泽东沉默片刻，对刘思齐说："你还不到18周岁，着什么急呀？过几个月满了18岁再结婚吧！反正我同意你们结婚，等一等好不好？"

听了毛泽东的话，刘思齐看着毛岸英。毛岸英勉强表态："好，听爸爸的。"

两人离开后不一会儿，毛岸英又回到毛泽东住处。

"咦，你怎么又回来了？"毛泽东不解地问。

"我从来都是听爸爸的。"毛岸英避开父亲的目光，说，"可我今年快27岁了，我想结婚以后专心学习、工作，这样就不必再在这方面花费那么多时间和精力了。"

"你的意思，是不是让我同意你们结婚呀？"毛泽东知道了儿子的来意。

"我自己的事还是让我自己做主吧！"毛岸英恳求道。

毛泽东生气地说："你找谁结婚由你做主，但结婚年龄不到，你做得了主吗？纪律和制度要做你的主！"

毛岸英听后，不服气地说："岁数不到就结婚的人多着呢……"

"再急你也不能违反法律！解放区的婚姻法规定，男满20岁、女满18岁才能结婚。还有，我们军队规定，连长以上的干部，不到30岁不能结婚。你凭什么不到30岁就要结婚来破坏这条规定？都照你这样不受纪律约束，军队还能打仗吗？"毛泽东沉着脸严厉地说，"现在，你们的条件都不够，最主要的是思齐还不满18周岁，不管说什么，法律是公正无私的，不允许任何人不遵守，你毛岸英、刘思齐也不能例外。"

1949 年 4 月，毛泽东同毛岸英（右二）、刘思齐（右一）、李讷在香山合影

　　没料到父亲会跟他发这么大的脾气，毛岸英没有办法，气得脸色发白，转身走了。

　　几天后，毛岸英想通了，向父亲检讨，承认了自己的错误，并表示等革命成功以后再结婚。直到 1949 年 9 月，毛岸英和刘思齐在征求刘思齐的母亲张文秋的意见后，才初步定下婚期。

　　10 月 4 日下午，毛岸英找到毛泽东，把结婚的打算告诉了他，再次征求他的意见。

　　毛泽东说："我同意，你们准备怎么办婚事呀？"

　　毛岸英说："我们商量了，越简单越好，我们都有随身的衣服，也有现成的被褥，不用花钱买东西。"

　　毛泽东听了非常高兴，说："不花钱办喜事，这是喜上加喜。浪费可耻，节约光荣，还是应该艰苦朴素。但你们结婚是一辈子的大事呀，我请你们吃顿饭。你们想请谁就请谁。你跟思齐的妈妈说说，现在都是供给制，她也不要花钱买东西了。她想请谁来都可以，来吃顿饭。"

毛泽东在中南海的住地——丰泽园

1949年10月15日晚，中南海丰泽园喜气盈盈，这天是毛岸英与刘思齐大喜的日子。两位新人没有婚礼礼服，毛岸英穿着当翻译时的工作制服和一双半新的皮鞋；刘思齐身着灯芯绒布上衣、半新的裤子，穿一双新买的方口布鞋。免了鞭炮迎亲，少了锣鼓齐鸣，共和国主席长子的婚礼就这样在中南海举行了。

这是一场后来被称为"最高规格、最低场面"的婚礼。"最高规格"，是指中央政治局常委们基本都参加了；"最低场面"，是指婚宴只设了两桌，一桌是领导和他们的夫人，另一桌是一群小朋友。同时，婚宴的菜肴也很简单，以腊肉、腊鱼为主，以及湖南风味的辣椒和苦瓜。

知国情　倡勤俭

住进中南海之后，毛泽东一再告诫身边的工作人员要保持艰苦朴素的作风。

因为毛泽东要经常住在菊香书屋，花匠师傅便精心布置了一番，摆了许多盆花，还在毛泽东办公室门前的台阶上放了4个大鱼缸。5月春暖花开，菊香书屋的院里成了一个百花争艳的小花园。工作人员是想把庭院装饰得好看点儿，让毛泽东能呼吸到新鲜空气，赏心悦目，调节情绪，减轻疲劳。

工作人员摆放那些花盆、鱼缸时，毛泽东没有注意到。第二天上午，毛泽东刚走出房门，就看见卫士安科兴正在台阶上喂金鱼。

毛泽东走到鱼缸跟前看了一眼，问安科兴："你干什么呢？"

"我喂鱼哩。"安科兴只顾喂鱼，头也不抬地说。

"喂的是什么？"

"喂的是鱼食。"安科兴仍然低着头，边喂鱼边回答。

这时，毛泽东的声音有点不对味了，问安科兴："这鱼食是从哪里来的？"

"从中山公园买来的。"安科兴仍满不在意地回答。说完，安科兴察觉到了有些不对劲儿，猛一抬头，看见了毛泽东那严肃的目光。安科兴赶紧立正站好。

毛泽东面带愠色，但他并未发脾气，而是克制着，耐心地对安科兴说："养那么多的鱼叫我一个人看，这得花多少钱？这不是浪费吗？我常给你们讲，咱们打了20多年的仗，现在，国民党给咱们留下这么个烂摊子，人民需要休养生息，恢复元气，国家要争取财政经济早日恢复。这就需要我们每一个国家工作人员，无论办什么事情都要勤俭节约，不要铺张浪费，减少行政开支，不应该花的钱，一分也不能花……"

说着，毛泽东走下台阶，来到院子里，这才发现一夜之间院子里变了模样。看着地上的花盆，毛泽东对安科兴说："栽这些花，养这些鱼，并非不可，而是现在的经济条件不允许，等生产发展了，人民的生活水平逐步提高了，大家就都可以种花养鱼，改善生活，美化环境了。过去，这里是公共场所，由他们随便布置，我不干涉。可现在我住在这里，就不要摆这么多的花了，少摆几盆，再摆一点松柏树就可以了。你们知道，到我这里来的人很多，以后还会有工人、农民的代表来。他们来了，就是为了看看我，看看我住的地方。如果我这里摆了那么多漂亮的花，那他们也会上行下效，向我看齐，养成这种风气就不好了。你去叫叶子龙来，把这些花和金鱼给我拿走，我这里不要这些玩意儿。"

　　按照毛泽东的嘱咐，大家很快把大部分花搬走了，在院内的十字路口处摆上两盆棕树、两盆无花果，凉台上放上两盆绿草。毛泽东看了看，很满意。从那以后，直到1966年毛泽东搬离菊香书屋，这个庭院也没有摆放过鱼缸、花草之类的东西。

独承老年丧子之痛

　　毛泽东的长子毛岸英，于1950年10月19日作为中国人民志愿军第一批入

中国人民志愿军跨过鸭绿江

朝战士，雄赳赳气昂昂跨过鸭绿江，奔赴朝鲜参战。不幸的是，11月25日，毛岸英牺牲了，他惨死在美军飞机的狂轰滥炸之下。从毛岸英报名参加志愿军到不幸牺牲，仅仅50天！

当天下午，战友们将毛岸英、高瑞欣两位烈士安葬在山脚下。彭德怀率司令部全体人员在墓前脱帽伫立，他沉痛地说："毛岸英是我们志愿军的第一个志愿兵。党中央、毛主席刚任命我当志愿军司令员，他就找我报了名！"

11月26日凌晨，周恩来从机要室主任叶子龙手里接到了毛岸英牺牲的电报。周恩来的心在颤抖，手在发抖。毛泽东已经有包括妻子在内的5位亲人为革命捐躯了，现在，他最喜爱的长子也为国牺牲了，这对毛泽东是多么大的打击啊！想到这里，周恩来不禁伤心落泪。

周恩来不忍心把电报给还在带病通宵达旦工作的毛泽东看，他和刘少奇决定

朝鲜人民群众为毛岸英烈士扫墓

暂时把毛岸英牺牲的消息隐瞒下来。直到毛泽东病愈后，1951 年 1 月 2 日，周恩来才转去志愿军司令部于 1950 年 11 月 25 日发来的电报，并附了一封信给毛泽东。

当时，毛泽东正坐在沙发上。听到这个消息，毛泽东先是一怔，然后一言不发地盯着江青和叶子龙。毛岸英的不幸牺牲，深深地刺激了毛泽东的心，他两眼木然地望着窗外已萧条的柳枝，轻轻念叨着："昔年移柳，依依汉南，今看摇落，凄怆江潭。树犹如此，人何以堪！"

事后不久，彭德怀回国向毛泽东汇报志愿军入朝作战的情况。谈到毛岸英牺牲的经过时，彭德怀无比沉重地说："主席，我没有保护好岸英，我有责任，我请求处分！"

毛泽东长长地叹了口气，昂起头，走了几步，然后激昂地说："革命战争总是要付出代价的嘛！为了国际共产主义事业，反抗侵略者，中国人民志愿军的英雄儿女前仆后继，牺牲了成千上万的优秀战士。岸英就是属于牺牲了的成千上万革命烈士中的一员，一个普通的战士。不要因为是我的儿子，就当作是大事。不能因为是我、党的主席的儿子，就不该为中朝两国人民的共同事业而牺牲。世上哪有这样的道理呀！"

毛岸英牺牲后，志愿军政治部将他用过的一只皮箱送到了中南海。毛泽东接过皮箱，紧紧抱在胸前，半天说不出话了。后来，他一直把这只皮箱放在床头，直到生命的最后一刻。每到夏天，毛泽东都要把箱子拿到院子里晒晒，这事他从来不让人帮忙，这说明毛岸英牺牲后的 26 年里，漫长的岁月从来没有磨灭毛泽东对爱子的深深思念。

毛岸英在赴朝前一天晚上，专门到医院向妻子刘思齐告别，并叮嘱她每个星期天都要去中南海看望爸爸毛泽东，还请她多照顾弟弟毛岸青。毛泽东迟迟没有把儿子牺牲的消息告诉刘思齐，这也让他这个做公公的心里很不好受。

为了让刘思齐安心，毛泽东总是忍住悲痛，强作欢颜，若无其事地宽慰她，这样一直瞒了两年多。两年多，100 多个星期天和几十个节假日，毛泽东独自默默承受老年丧子之痛。

刘思齐又一次来到中南海时，毛泽东把周恩来请来了，他下定决心告诉刘思齐事情的真相。

周恩来十分委婉地说，为抗美援朝、保家卫国，无数失去了生命的战士，人们永远不会忘记他们。"岸英也是其中之一！"这句话，总理说得很轻。

可是，对于刘思齐来说，这就是一声晴天霹雳啊！她惊呆了，继而痛不欲生，伏在毛泽东的肩上撕心裂肺地哭着。这哭声冲垮了她3年受尽煎熬的感情堤坝，也宣泄了她胸中累积的对丈夫的思念。

毛泽东痛苦地拍着刘思齐的手臂，怆然道："好女儿，从今以后，你就是我的亲女儿！"

在毛泽东的多次劝慰、开导下，刘思齐的感情创伤慢慢得以愈合，并经毛泽东撮合，于1962年重新组建了家庭。

爱雪的毛泽东

1951年冬，北京下起了这年的第一场大雪。毛泽东在中南海工作了一整夜，批阅了大量文件，天亮时才放下笔。他伸伸懒腰，搓搓脸，朝门口走去。打开门刚跨出门槛一步，他便突然停住了脚，露出惊喜的神情。原来，是纷纷扬扬的落雪使他激动了。

毛泽东非常爱雪，可以说对雪情有独钟。图为1953年毛泽东在赴武汉旅途中恰逢大雪，心情很好

毛泽东像孩子似的睁大眼睛，凝视着这银白色的世界，目光从漏筛一样的天空缓缓移向那积雪的树梢、屋顶，最后又俯首凝视像铺了白毡一般的庭院，久久地一动不动，既像在谛听落雪是否有声，又似陶醉于南屋檐头的雀叫声。

卫士张木奇匆匆抓起一把扫帚，准备扫雪去。"不要扫！"毛泽东急切地喊道，眉头皱了起来，他发现铺砖路上的雪比别处的薄，大声问，"这路是你扫过的吗？"

张木奇连忙解释："黎明时我已扫过两次，雪一直下，所以……"

"一次也不能扫，把扫帚扔了，她的'伤口'刚合上你就忍心又割一刀？"

毛泽东走出廊檐，下了台阶，步子迈得极慢，像怕惊醒一个甜美的梦。走出两步，他便停了下来，回头看自己留在雪地上的脚印，眼里闪耀着孩子般新奇惊喜的光芒。毛泽东竟犹豫了，不忍心再向洁白无瑕的雪地落下脚去，于是他把抬起的脚缩了回来，重新落在原来留下的脚印里。毛泽东开始粗重有声地深呼吸，接着抬起右手，用手背和衣袖接雪，入神地观望落下的雪花，仿佛在欣赏这宇宙间最伟大的创造、最精彩的表演。

"主席，走一走吧。站久了会感冒。"李银桥远远地提醒道，同样不敢迈步，怕践踏了毛泽东所迷恋的雪。毛泽东不理睬，他手背上的雪花融化流淌，一颗晶莹的水珠颤颤欲滴。毛泽东用舌尖轻轻一触，那颗水珠便不见了，他轻咂嘴，像饮过甘露一样，开心地笑了。

毛泽东终究不忍心踏雪，顺着自己的脚印慢慢退回，每一脚都落在原来的印痕上。他松了口气，开始在没有雪的廊檐下踱步，而后又出后门，沿中南海走着。毛泽东爱雪爱得"自私"，舍不得踩自家的雪，可是不怕踩外面的雪。他不走扫净的路，专拣雪地走，入迷地聆听脚下咯吱咯吱的碾雪声，不时回望自己的脚印，还停在松柏旁欣赏枝丫上的积雪……

生活中的毛泽东，本身就是一首像"雪"的诗——艰苦、豪迈、冷峻、生动，可谓多姿多彩。重庆谈判时，毛泽东写于1936年2月的《沁园春·雪》在重庆一经发表，便使迷茫阴沉的雾都仿佛真的下了一场铺天盖地的鹅毛大雪，一下子轰动山城，万人争诵。

对此，蒋介石自然不会甘心，国民党通知各地、各级党部，要求会吟诗作词者，每人都步毛泽东咏雪词的原韵写上几首，挑精彩的发表，希望把毛泽东的磅礴气势比下去。尽管蒋介石费尽心机，但对《沁园春·雪》一词的攻击并未达到目的，反而使这首词传播得更广。

毛泽东继续在雪地上走，突然问："银桥，你喜欢雪吗？"

"喜欢。"

"农民喜欢雪，瑞雪兆丰年。害虫不喜欢，一下雪，苍蝇就没有了。我也喜欢雪，我们都喜欢雪。"

警卫战士们发现，很少有什么能中断毛泽东的工作，唯独下雪是个例外。只要下雪，他便格外精神焕发，平时散步10分钟，有了雪便会多走一会儿，真是如痴如醉。

1953年冬的一天晚上，毛泽东开完会从怀仁堂匆匆赶回来。正要进办公室，一阵风吹过，又落雪了。毛泽东停住脚步，望望阴沉的天空，对李银桥说："我

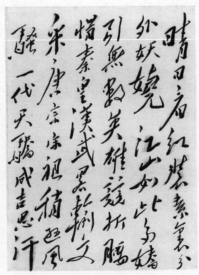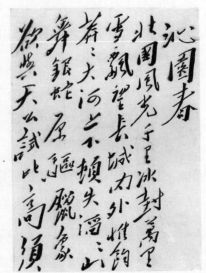

毛泽东手书《沁园春·雪》

散 10 分钟的步。"

毛泽东在雪地里走着，不知是因为兴奋，还是因为有事没办完心里着急，他的脚步比平时急促。后来，雪越下越欢，毛泽东兴致勃发，不时伸出双手接雪。

"几分钟了？"毛泽东突然问。

"8 分钟了。"李银桥看着表认真地回答，其实这时已经过去 11 分钟了。

平常，警卫们虚报时间毛泽东是会察觉的，可是这一次，散步持续了 17 分钟，李银桥才说 10 分钟。

大元帅？你靠边站吧！

我军军衔等级的设置，依据的是苏联红军的军衔制度。苏联有"大元帅"衔，斯大林即受此衔。因此，1954 年秋，中央军委决定在中国人民解放军的军衔等级之外特设"大元帅"衔，授予毛泽东。军官制服和军衔标识基本确定下来后，军衔委员会办公室定做了一批军服样品，佩上不同的军衔标识，分别"穿"在木制模特身上，放在中南海小礼堂，其中大元帅服摆放在最显眼的位置。

一天上午，毛泽东、朱德、刘少奇、周恩来、彭德怀等人来到小礼堂，审定军装样式和军衔标识。彭德怀说："样子嘛，是见过的了。今天就是要看看穿起来怎么样，有没有一点威武之师的气派！"军衔委员会办公室负责人李平引导毛泽东来到身穿大元帅服的模特前，向毛泽东介绍："主席，这是大元帅服。"毛泽东打量着大元帅服，诙谐地说："大元帅？你靠边站吧！"逗得旁边的领导同志们哈哈大笑。毛泽东浏览元帅服和将军服后，说："要从节约的原则出发，样式好看、统一、正规，又节约。"

1955 年 9 月 27 日，毛泽东为朱德等元帅授衔授勋

凭毛泽东几十年的军事生涯和对军队建设做出的巨大贡献，在初评方案中，毛泽东被评为大元帅。同时，周恩来、刘少奇、邓小平等被评为元帅，李先念、谭震林、邓子恢、张鼎丞等为大将。授衔初步方案公布后，大多数人都表示认可，也有一小部分人不满意。

毛泽东听完彭德怀的汇报后，说："你们搞评衔，是很大的工作，也是很不好搞的工作。我这个大元帅就不要了，让我穿上大元帅的制服，多不舒服啊！到群众中去讲话、活动，也不方便。依我看呀，现在在地方工作的同志，都不评军衔为好！"

说完，毛泽东问："少奇同志，你在军队里搞过，领导过军队，你也是元帅，这个元帅要不要？"

刘少奇挥了挥手，说："不要评了，我现在不在军队工作了。"

"你们的元帅军衔，还要不要评啊？"毛泽东又问周恩来、邓小平。

周恩来连连摆手说："不要评了，不要评了。"

邓小平笑笑说："当什么元帅哟，早不带兵了。"

接着，毛泽东又问了邓子恢、张鼎丞等人大将的军衔还要不要评，大家都说不要评了。

在一次全国人大常委会上，有些常委提出，毛泽东应受大元帅衔，周恩来和邓小平也应受元帅衔。对此，刘少奇、彭真在会上作了说明。

毛泽东带头提出不要大元帅军衔，这一崇高的风范对全军干部的教育作用是很大的，在当时也大大推动了授衔工作的顺利进行。最后，中央军委评出了10位元帅、10位大将、57位上将及一大批中将、少将。

1955年9月27日，盛大的授衔典礼在中南海怀仁堂隆重举行。1955年10月1日，中国人民解放军正式实行军衔制，毛泽东没有接受为他设置的大元帅衔，那套精心制作的大元帅服，作为我军历史上一件"崭新的文物"放进了博物馆。

这是为毛泽东准备的大元帅服和肩章

毛泽东 "收礼"

作为大国领袖，毛泽东受到国内外友人的尊敬，也收到了不计其数的礼品。一般情况下，他看到的只是礼品清单，实物则直接由负责礼品的部门交公。有时，他甚至连礼品清单都不看一眼。

毛泽东处理礼品既有原则，又有分寸。对于没法保存的土特产，如果是水果，基本都送给幼儿园；如果是茶叶，则一般送给身边的工作人员。毛泽东从来没有将礼品送给自己的孩子们。

有时，工作人员会劝毛泽东："主席，这些礼品是送给您的，吃了用了都是应该的。"

这时候，毛泽东总会耐心解释："这个问题不是那么简单，党有纪律，这些礼物不是送给我个人的，是送给中国人民的。如果说，你在我这个位置上，人家也会送给你的。"

毛泽东还说："中国不缺我毛泽东一个人吃的花的。可是，我要是生活上不检点，随随便便吃了拿了，那些部长们、省长们、市长们、县长们都可以这样了，那么，这个国家还怎么治理呢？"

朝鲜停战后的第二年，金日成送给毛泽东24箱苹果。毛泽东看了礼品清单后，吩咐工作人员把苹果转赠给警卫部队。那时恰好是春节前夕，战士们非常高兴。大家七手八脚地打开纸箱，发现那些透红发紫的苹果全是一般大小，中等个头，令大家惊奇的是，每个苹果上都有一行字——"毛主席万岁"。那些字是擦不掉的，后来大家才明白，那是在苹果长成个头后贴上纸字，被太阳晒出来的。

怎么能吃掉"毛主席万岁"呢？大家束手无策。有人说："这样也好，干脆别吃，保存下来，天天都可以闻到苹果的香味。"

毛泽东知道后，皱着眉头说："我就不喜欢这个口号。哪有人能活到一万岁的？活不到，那就吃掉。"于是，24 箱写有"毛主席万岁"字样的苹果全被战士们吃掉了。

西哈努克赠送给毛泽东的法国造文件包。毛泽东一生没留用过外宾赠送的礼品，只此一件例外

除了外国政要、友人，全国各省（市、自治区）也常有人给毛泽东送礼。其中有战友，有过去的熟人、同乡、同学，也有从未见过面的普通百姓。对于他们送的东西，毛泽东有的收，有的不收。延安群众送来的小米、红枣、花生等，毛泽东从不拒绝。喝着延安的小米粥，毛泽东的脸上往往会流露出欣慰的笑容。有时候，毛泽东又一言不发地看着老区送来的杂粮。

对于老百姓和地方上送来的礼品，毛泽东偶尔有选择地收下后，一定不会忘记把礼品折合成钱，交给对方。福建武夷山的"大红袍"算得上是茶中上品了，中华人民共和国成立后不久，崇安县（今武夷山市）委、县政府把一盒"大红袍"送到了中南海。毛泽东是很喜欢喝茶的，这次，他破例收下了茶叶，又委托中央办公厅寄去 100 元作为茶款。

第二年，崇安县的领导又寄来一盒"大红袍"，可没多久，这盒茶就被原封不动地退了回去。很快，在毛泽东的提议下，中央明确做出了国家机关工作人员不准接受礼物的决定。1953 年，毛泽东 60 岁，各地送来了很多祝寿贺礼，可他一件也没有留下来。

对于某些"贵重"的礼品，毛泽东偶尔也收，但往往另作他用。

一天，秘书给毛泽东送去一大一小两个熊掌，说是王震在新疆特意派人带给他的。毛泽东看了一眼，道了一声："哦。"一会儿，他又说，"把大的那个给宋庆龄送去。"

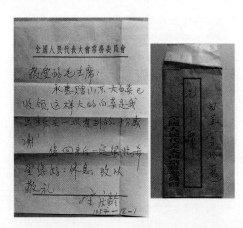

1957 年 12 月 1 日，宋庆龄致毛泽东的信

毛泽东对宋庆龄是很敬重的，两人之间常有往来，互赠礼物，互祝康吉。宋庆龄对毛泽东也十分敬重。有一次，她在自己位于东单的寓所请毛泽东身边的部分工作人员吃便饭。饭前，宋庆龄专门看望了大家；吃饭时，她又让秘书做她的"全权代表"招待大家。

宋庆龄知道毛泽东平时有躺靠床栏办公的习惯，便特制了一个又大又软的靠枕，请人送过去，毛泽东没有收下。来人走后，毛泽东又觉得不收不好，便马上派工作人员追了出去，把枕头收下了。后来，这个枕头没用几天，就被细心地收藏起来了。

1957 年冬，毛泽东派人给宋庆龄送去一些山东大白菜。宋庆龄非常高兴，并复信致谢。

一位是党的主席，一位是国家重要领导人，往来的礼品竟然是大白菜，这在古今中外是绝无仅有的，其淡泊清风，令人感奋，发人深思。

入　戏

毛泽东意志坚强，即使遇到再大的不幸也不轻易落泪。爱子毛岸英在朝鲜战场牺牲后，毛泽东吃不下饭，睡不着觉，独自坐在沙发上一支接一支地吸烟，他眼里有哀伤，有思念，有怒火，就是没有泪！但是，在某些场合，毛泽东却眼里

含着泪，眼角淌着泪，甚至放声大哭。

毛泽东喜欢听戏、看戏。中华人民共和国成立后，毛泽东常看《白蛇传》，而且每次看都要流泪，鼻子呼呼的，透不过气来。1958年，毛泽东到上海，市委负责同志要为他准备文娱活动，征求其意见时，毛泽东说："还是看场《白蛇传》吧！"

晚上，毛泽东来到上海干部俱乐部礼堂，径直走到自己的座位后，向后面的观众招了一下手，便坐下了。毛泽东是很容易入戏的，一支烟没吸完，便拧熄了，目不转睛地盯着台上的演员。毛泽东烟瘾很大，可此时他连烟也顾不上抽了。

毛泽东听唱片时，会用手打拍子，有时还跟着哼几嗓子；看戏则不然，手脚不敲板眼，就那么睁大眼睛看，全身一动不动，只有脸上的表情不断变化。

毛泽东的目光时而明亮照人，时而热情洋溢，时而情思悠悠。显然，他已进入许仙和白娘子的角色，理解他们，赞赏他们。特别是对热情勇敢又聪明的小青，毛泽东怀着极大的敬意。

1956年，毛泽东和京剧演员在一起

20 世纪 50 年代，参加第一届全国戏曲观摩大会会演的越剧《梁山伯与祝英台》和《白蛇传》剧照

　　然而，许仙和白娘子的爱情是一场悲剧。金山寺老和尚法海出场，许仙和白娘子的爱情受阻时，毛泽东的脸色便立刻阴沉下来，甚至浮现出紧张和恐慌。他的嘴唇微微张开，下唇时而轻轻抽动一下，紧接着听到齿间磨响几声，似乎要咬上老和尚两口。

　　许仙和白娘子开始了曲折痛苦的生死离别，毛泽东也完全进入了那个古老而感人的神话故事，他的鼻翼开始翕动，泪水在眼圈里悄悄蓄积，变成了大颗大颗的泪珠，转啊转，扑簌扑簌，顺着脸颊滚落，砸在胸襟上。旁边的李银桥忙轻轻咳两声，想提醒毛泽东这是演戏。可是，这个时候任何提醒都没有作用。观众们都被台上的剧情吸引了，没有人注意到台下的这出"戏"。

　　可是，毛泽东的动静越来越大，泪水已不是一颗一颗往下滴，而是一道一道往下淌了。他的鼻子堵塞了，呼吸受阻，嘶嘶有声。附近的市委领导的目光，朝毛泽东这边看了看又迅速移开。这就足以令警卫们忧虑了，因为李银桥等人有责任维护毛泽东的"领袖风度"。

　　没办法，李银桥只好又轻声咳嗽一下，结果这下更糟了，不仅没能唤醒毛泽东，反而招来更多目光。李银桥再也不敢作声了。

毛泽东终于忘乎所以地哭出了声，那是一种颤抖的抽泣声，他还毫无顾忌地擦眼泪、擤鼻涕。到了这步田地，警卫们也只好顺其自然了，他们只盼着戏早些结束。

就在法海要将白娘子压到雷峰塔下的那一刻，惊人之举发生了。毛泽东突然愤怒地拍"案"而起，他的大手拍在沙发扶手上，一下子立起身："不革命行吗？不造反行吗？"

毛泽东大踏步向舞台走去，全场的鼓掌声终于将他唤醒，他稍一怔，也跟着鼓起了掌。这时，李银桥等工作人员才松了口气，毛泽东回到现实中来了。

毛泽东毫不掩饰自己的好恶，同演员们见面时，他同扮演"青蛇"的演员握手，同扮演"许仙"和"白蛇"的演员握手，就是没有理睬那个饰演老和尚"法海"的演员。

周恩来的故事

周恩来（1898年3月5日—1976年1月8日），伟大的马克思主义者，伟大的无产阶级革命家、政治家、军事家、外交家，党和国家主要领导人之一，中国人民解放军主要创建人之一，中华人民共和国的开国元勋，是以毛泽东同志为核心的党的第一代中央领导集体的重要成员。在新民主主义革命时期，周恩来同志为中国共产党探索中国革命正确道路、创建人民军队、创建革命统一战线、创建人民当家做主的新中国建立了不朽功勋。中华人民共和国成立后，周恩来同志为积极探索符合我国国情的社会主义建设道路、推进社会主义革命和建设事业倾注了大量心血，做出了奠基性贡献。周恩来同志担任政府总理长达26年，既是国家建设总体蓝图的重要设计者，又是将它付诸实施的卓越组织者和管理者。周恩来同志注重把马克思主义基本原理同我国具体实际相结合，善于总结党领导革命和建设正反两方面经验，善于发现和总结人民群众创造的新鲜经验，善于从中华优秀传统文化和世界文明中汲取智慧，善于进行实事求是的理论思考和深刻阐释党的路线方针政策，在政治、经济、文化、社会、军事、外交、统一战线和党的建设等领域都做出了理论建树，为毛泽东思想的形成和发展做出了重要贡献，也为改革开放新时期党形成中国特色社会主义理论体系提供了重要思想启迪。周恩来同志半个多世纪奋斗的人生历程是中国共产党不忘初心、牢记使命历史的一个生动缩影，是新中国孕育、诞生、成长和取得崇高国际威望历史的一个生动缩影，是中国人民在自己选择的革命和建设道路上艰辛探索、不断开拓、凯歌行进历史的一个生动缩影。周恩来同志是近代以来中华民族的一颗璀璨巨星，是中国共产党人的一面不朽旗帜。周恩来同志的崇高精神、高尚品德、伟大风范，感召和哺育着一代又一代中国共产党人。

为中华之崛起而读书

1910 年春，12 岁的周恩来随回家探亲的三堂伯周贻谦来到东北。

周恩来出生时，中国已在半殖民地半封建社会的道路上走过了半个多世纪。帝国主义列强肆意蹂躏中国的土地，凌辱中国人民，并扬言要瓜分中国，中华民族到了最危险的关头。东北是当时帝国主义列强在华争夺的焦点，是民族危机格外深重的地方。

就在周恩来来到东北的那一年，日本正式吞并了朝鲜。东北同朝鲜只有一水之隔，唇齿相依。朝鲜人民遭受的惨祸，使东北人民感到惊心动魄，寝食难安。这一切，不能不给少年周恩来带来异常强烈的刺激。在学校，老师经常向学生们讲述时局危机和历代民族英雄的故事，激发学生们的爱国热情。在老师的影响下，周恩来坚持读书看报，及时了解国家大事。

有一天，周恩来在报上看到殖民主义者贩卖黑奴的消息，他大声地说："黑奴总有一天要解

1912 年，周恩来在东北奉天（今沈阳）

放！"周恩来后来回忆说："这是我生活和思想转变的关键。没有这一次的离家，我的一生一定也是无所成就，……从受封建教育转到受西方教育，从封建家庭转到学校环境，开始读革命书籍，这便是我转变的关键。"

1911年底的一天，东关模范学校魏校长亲自为学生上修身课，主题是"立命"。当时，孙中山领导的辛亥革命刚刚推翻清朝政府，结束了中国两千多年的封建帝制。很多人，特别是青年人思想困惑，没有明确的理想追求，没有人生的奋斗目标。校长讲"立命"，就是要给学生讲如何立志。

魏校长讲到精彩之处，突然停下来，向学生们提出了一个问题："为什么读书？"

看到大家都默不作声，魏校长说："如果没有人回答，我就一个个问了！"

魏校长走下讲台，指着前排一名学生问："你为什么而读书？"这名学生站起来，挺着胸脯说："为光耀门楣而读书！"

魏校长又问第二名学生，得到的回答是："为了明礼而读书。"

周恩来在沈阳东关模范学校读书时的教室

第三个被问到的学生是一个靴铺掌柜的儿子，他很认真地回答说："我是为我爸而读书的。"同学们听了，哄堂大笑。

魏校长听了这些回答，都不满意地摇了摇头。他来到周恩来面前，问道："你是为什么而读书？"

不久前，当辛亥革命的消息传来时，周恩来带头剪去辫子，并接触进步书刊。虽然进步书刊的思想侧重各有不同，但朴素的爱国道理是一脉相承的。怎样把祖国和人民从苦难和屈辱中拯救出来？怎样使中华民族得到振兴，自立于世界民族之林？这一连串的问题从这个时候起，就一直像一团烈火一样燃烧在周恩来的心中。

因为看到民族危亡、山河破碎，周恩来觉悟了，眼界随着阅读而拓宽，思想得到了升华，对事物也有了自己独特的理解，所以，当其他同学还未想过为什么而念书时，周恩来心里已经有了明确的答案。

周恩来站起身来，教室里静悄悄的，大家都在等待他的答案。周恩来非常郑重地答道："为中华之崛起而读书！"

魏校长听了非常高兴，示意周恩来坐下，然后对大家说："有志者，当效周生啊！"意思是，有志气的青年，都要向周恩来学习。

"为中华之崛起而读书！"一句响亮的誓言，一个远大的志向，激励着周恩来为了民族的独立、国家的振兴而努力学习。"为中华之崛起而读书！"这成了周恩来经久持续的人生动力，推动着他不断向前求索。

南开最好的学生

1913 年 2 月，15 岁的周恩来来到天津，并以优异的成绩考入南开学校。此后整整 4 年，周恩来一直在南开学校学习，并住在学校里过集体生活。

南开学校是一所仿照欧美方式开办的私立学校，由严修创办，张伯苓任校长。南开的教育是正常而自由的，学习和生活管理都十分严格。

周恩来的学费起初由伯父提供，后来靠学校的奖学金，但生活费还得自己解决。因此，周恩来常常利用课余和假期时间为学校刻蜡纸、油印或抄写讲义，以换取一些补贴。周恩来生活非常俭朴，在校期间一直穿着布衣布鞋，夏天时只有一件白长衫，入冬则穿单薄的青棉袍，外面罩一件泛白的蓝大褂。因为没有钱包饭，周恩来只能到校门口零买，或到小饭馆里零吃，这样可以省些费用。贫困的生活，不仅没有消磨周恩来的求学意志，反而把他磨砺得更加坚强。

周恩来十分珍惜学习机会，他为自己制订了五个"不虚度"：读书不虚度、学业不虚度、习师不虚度、交友不虚度、光阴不虚度。除了认真学习课堂知识外，周恩来还读了许多课外书，他尤其爱读《史记》，还有清初进步思想家顾炎武、王夫之等人的著作，也有西方启蒙思想家卢梭的《社会契约论》、孟德斯鸠的《论法的精神》、赫胥黎的《天演论》等。因此，周恩来的知识面比较广，视野和思路也比较开阔。

南开学校对国文十分重视，每两个星期考一次作文。周恩来文思敏捷，作文不打草稿，提笔直书，一气呵成。1916 年 5 月，学校组织了一次不分年级的作文比赛。那时全校已有学生 800 多人，各个班级各推举 5 名优秀代表参加。卷子上的名字是密封的，由教师集体评阅。周恩来选的题目是《诚能动物论》，后来这篇作文被严修亲自定为全校第一名。

周恩来的数学成绩也很好，心算比一般同学笔算还快。

刚入学时，周恩来的英文基础比较差。为了攻克这一难关，周恩来学习很刻苦，每天将洗漱和吃早饭以外的时间，以及中午和下午的课余时间，都用来学英文。进入下一学年时，周恩来的英文就相当好了。

南开学校要求学生不仅要学会读书，还要学会办事，要培养自己管理自己的能力，并鼓励成立各种社团和学术研究会。由于校长张伯苓极力推广当时已经在欧美流行的话剧艺术，因此，1914 年南开中学成立了最早的新剧（即话剧）业余演出团体——南开新剧团。周恩来是南开新剧团的重要成员，他积极参加编新剧、演新剧，还担任布景部副部长。

那时，中国社会的封建势力还很强大，社会风气不开化，男女少年不能同校上学，更不能同台演出。周恩来英俊潇洒，仪表堂堂，又独具表演才华，反串女角婀娜动人，惟妙惟肖，所以他曾先后在南开新剧团扮演过十多个戏中角色，其

周恩来（右一）在新剧《一元钱》中饰演女主角孙慧娟

中绝大部分是女角，如《一元钱》中的孙慧娟、《仇大娘》中的范慧娘等。

抗战期间，有一次，周恩来与张伯苓在重庆南开中学观看话剧，周恩来说："我对校长有意见！"张伯苓不明其意，周恩来风趣地说："当年你不该总让我扮演女角啊！"说罢，师生二人相视大笑。

尽管品学兼优，在各种活动中都是活跃分子，但周恩来从不骄傲，从来不盛气凌人。相反，他温和诚实，处处尊重别人。周恩来同老师的关系也很融洽，每隔几个星期，他总要在休息日到校长张伯苓家坐坐。张伯苓很喜欢他，总是留他吃饭。张伯苓还常对家里人说，周恩来是南开最好的学生。

1917 年 6 月，周恩来以优异的成绩从南开学校毕业。9 月，周恩来由天津登轮东渡日本留学。临行前，周恩来写下了那首抒发救国抱负的著名诗篇："大江歌罢掉头东，邃密群科济世穷。面壁十年图破壁，难酬蹈海亦英雄。"

一对革命伉俪的爱情故事

周恩来与邓颖超相识于五四运动期间。在这场反帝反封建的、前所未有的思想解放运动中，周恩来和邓颖超脱颖而出。从日本归国的周恩来，在天津学生界中很有名气，而在北洋直隶第一女子师范学校读书的邓颖超，作为天津女界爱国同志会执委兼讲演队队长，也非常活跃。

第一次见到周恩来，邓颖超就对他有了不错的印象。后来，邓颖超参加了由周恩来等发起组织的天津爱国学生进步小团体——觉悟社。为了斗争的需要，觉悟社的成员决定抽签，然后以号数的谐音作为通信和写文章的笔名。邓颖超抽的是"一号"，就叫"逸豪"；周恩来是"五号"，就叫"伍豪"。这时候，两人的接触渐渐多了。

觉悟社的成员相约，从事学生运动期间不谈恋爱、不结婚。当时，周恩来坚持独身主义，邓颖超也没想过结婚。1920年底，周恩来赴法留学，邓颖超则在天津当教员，彼此常通信。随着政治上日渐成熟和年龄的增长，周恩来开始着意寻觅自己的终身伴侣。

经过慎重思考，周恩来觉得既然自己决定献身革命事业，就随时都有流血牺牲的危险，因此应该找一个志同道合、意志坚强的伴侣。于是，周恩来将目光投向了充满革命热情、勇敢坚强的邓颖超。通过书信往来，周恩来与邓颖超之间增进了了解，加深了感情。

1923年，邓颖超突然收到周恩来从法国寄来的一张明信片。在这张印有李卜克内西和卢森堡画像的明信片上，周恩来写道："希望我们两人，将来也像他们两个人那样，一同上断头台。"看着周恩来这样豪迈的革命誓言，邓颖超也下定决心："愿为革命而死，洒热血、抛头颅，在所不惜。"五四风浪中凝成的友谊和为共产主义而奋斗的献身精神，终于使两人由互勉互励发展为相知相爱。

在世俗的眼光里，邓颖超的外貌似乎与有"美男子"之称的周恩来有些差距。邓颖超自己都说，周恩来追求她的举动"连我自己都有些纳闷"。

1925 年 8 月周恩来和邓颖超在广州结婚时的合影

结婚后，两人一直没时间谈及当年相识的事情，直到在中华人民共和国成立十几年后的一次闲聊中，周恩来才突然说："还记得当年在天津开大会吗？你第一个登台发言，给我印象最深的就是那两只炯炯有神的大眼睛。"邓颖超后来说，她理解周恩来，"恩来所需要的是能一辈子从事革命工作，能经受得住革命的艰难险阻和惊涛骇浪的伴侣。"从这一点讲，为革命而挑选伴侣的周恩来，是有眼光的。

1924 年 9 月初，周恩来从法国回到广州工作。第二年，邓颖超到广东同周恩来结婚。结婚时，周恩来在黄

周恩来和邓颖超结婚 25 周年纪念照

埔军校任政治部主任。黄埔军校的同事们知道周恩来结婚了，非要见见新娘子，还闹着要他们请客。张治中在太平馆西餐厅请了两桌。席间，张治中要邓颖超介绍恋爱经过，周恩来有点儿担心，怕她应付不了这个场面。没想到，邓颖超落落大方地站到板凳上，清了清嗓子，把自己和周恩来相识、相爱的经过从头到尾讲了一遍。张治中连声夸奖："周夫人名不虚传，和周主任一样，是极出色的演说

家。"邓颖超抗议了:"什么周夫人,我有名字——邓颖超!"

邓颖超在《西花厅忆旧》一文中说:"我们那时没有可以登记的地方,也不需要什么证婚人、介绍人,更没有讲排场、讲阔气,我们就很简单地,没有举行什么仪式,住在一起。在革命之花开放的时候,我们的爱情之花并开了。

"为共产主义的理想奋斗,这是最可靠的长期的基石和保证。我与你萍水相逢,不是一见倾心,更不是恋爱至上。我们是经过无意的发展,两地相互通信的了解,到有意的、经过考验的结婚,又经过几十年的战斗,结成这样一种战友的、伴侣的、相爱始终的、共同生活的夫妇。因此,我们的爱情生活不是简单的,不是为爱情而爱情,我们的爱情是深长的,是永恒的。"

周恩来醉酒

在老一辈无产阶级革命家中,最会喝酒的非周恩来莫属。

抗战胜利后,为避免内战、争取和平,国共两党在重庆谈判。谈判期间的宴会上,人们拥上来,争着向毛泽东敬酒。周恩来在毛泽东身旁,替他一杯接一杯地干杯,挡回国民党人士一圈又一圈的"攻势"。周恩来酒酣之后愈显神采奕奕,机敏过人又不乏诚恳,一位在场的记者发出了"一个周恩来就打败了整个国民党"的感慨。

周恩来因长期做统战工作,需要应酬,喝酒机会较多,但他从不往杯中掺水作假,与人碰杯时,也总是面带微笑,友好地目视对方。不过,周恩来从不勉强别人,如果客人不善饮酒,他总能谅解,说:"能喝就喝,不能喝也没有关系。"他自己却从不马虎,只要"干杯"说出了口,他就一定会喝完,绝不应付。

当然，堪称"千杯不倒"的周恩来，偶尔也有喝得酩酊大醉的时候。他的一生曾有过几次醉酒的经历。

第一次是在广州。那晚是周恩来与邓颖超的洞房花烛夜，周恩来情绪极高，对敬酒来者不拒，结果就喝醉了。1989年春，邓颖超跟张治中将军之子张一纯说："1925年我同恩来在广州结婚。那时恩来是黄埔军校政治部主任，你父亲是新兵团团长。我们结婚很保密，除了你父亲，别人谁也没告诉。谁知你父亲一定要请客。他安排了两桌酒席……那次，他自己一口酒都没喝，却把恩来灌醉了。最后他找来卫兵把恩来抬回去。"

第二次是在重庆。抗战时期，重庆风云际会，各国使馆云集，周恩来领导南方局积极开展外事工作。有一天，周恩来去参加苏联大使馆举办的宴会，一直到过了晚上12点都没回来。南方局内部严格规定，凡机关人员出门办事，晚上12点之前必须赶回来，没有回来就表示可能出事了。最后，总算有惊无险，周恩来的车回来了。而此时，周恩来因为醉酒，已经在车上睡着了。

看到这一幕，邓颖超一改平日的温柔体贴，火冒三丈地说："他喝醉了，就让他在车上睡一晚吧！这是违反纪律的事！"周恩来身边的工作人员不敢吱声，

1957年，周恩来在"亚洲电影周"酒会上

举杯祝愿：中日两国人民世世代代友好下去！ 1972年9月，周恩来在欢迎日本内阁总理大臣田中角荣的宴会上

但还是把他搀扶进屋，洗漱睡觉。

过了一夜，邓颖超依然"不依不饶"，在周恩来醒后又狠狠地批评了他一顿。周恩来承认错误，并检讨说，当时是苏联大使馆的工作人员因为苏军近日在苏德战场上取得了一次重大胜利，兴奋得不断和他干杯，他也由衷高兴，就不由自主喝多了，醉酒一事下不为例，以后决不再犯。自我要求严格的周恩来，在向邓颖超保证后，又在南方局的组织生活会上就此事专门做了一次深刻检讨。

还有一次是在莫斯科。1954 年 4 月，周恩来为筹备日内瓦会议，到莫斯科同苏联协商有关事项，事情进展得很顺利。周恩来回国前，苏方为他举行了盛大的招待宴会。宴会上，中苏友谊气氛浓厚。赫鲁晓夫还跳起了他最拿手的乌克兰民间舞蹈"戈帕克"舞，并时不时喊几句俄罗斯民歌。周恩来的兴致也很高，面对个个善饮的苏联领导人一杯一杯地轮番敬酒，周恩来喝醉了，支撑不住，呕吐了。

回国后，周恩来专门向毛泽东汇报了当时的情况，并深刻检讨："我在宴会上喝多了，吐了。回来的日期也推迟了一天。在这样的外交场合喝吐了，丢了丑，这是我的错误。"毛泽东笑着说："喝酒的人喝醉了，这是常有的事，算不得丢丑。要是换成我，我不跟他们对酒，我跟他们比吃辣子，以己之长，攻彼之短。"

最后一次是在北京。1958 年，最后一批入朝的中国人民志愿军回国。为庆贺抗美援朝胜利，周恩来在北京饭店宴请归来的部分志愿军指战员。周恩来说："今天是志愿军胜利归来，我们要动真格的，不能弄假。"周恩来十分兴奋，也十分激动，频频和凯旋的将士们碰杯。这是周恩来喝酒最多的一次，结果喝醉了，无法回家，就在北京饭店住了一夜。周恩来后来写了检查，因他影响了工作，毛泽东给予了批评。

此后，周恩来牢记毛泽东"不耽误革命工作"的指示，并鉴于自身的教训，要求外事人员在外交活动中饮酒要节制，不可劝酒、灌酒，不可因喝酒耽误了正事，并作出"喝酒不准超过本人酒量的三分之一"的具体规定，通报国内外各部门切实执行。晚年的周恩来因身体患病等原因，在与客人碰杯时，一般情况下只举杯，很少喝，但他会如实向客人说明情况。

周恩来看戏

周恩来很喜欢看戏，不过，他总是以普通观众的身份出现在人民群众中间，从不让人为自己安排专场演出，不许工作人员兴师动众。周恩来坚持自己掏钱买票看戏、看节目，虽然他往往只看一段折子戏，但也是买全场票。他不仅自己买票，跟着他一起去的卫士和司机等人的票，也是他掏钱买的。

1957 年夏，广西壮族自治区文工团在人民剧场为首都人民汇报演出歌剧《刘三姐》。秘书考虑到周恩来日理万机，很少休息，如能去看看歌剧，一来对广西文工团和广西人民是个极大的鼓舞，二来也能利用看戏的机会休息一会儿。征求周恩来的意见时，他愉快地答应了，并向秘书提出两个要求：一是不要和广西

1957 年 12 月 14 日，周恩来观看绍剧《闹天宫》演出后，怀抱演员小六龄童时的留影

文工团打招呼，也不要和主办单位打招呼；二是只允许秘书和卫士、司机3个人随同前往。

开演前几分钟，周恩来一行人对号入座。此时，由于观众们都在忙于找座位，没人发现周恩来。歌剧开演了，剧场的灯光也暗了下来，周围的观众依然没有发现周恩来。就这样，周恩来以一名普通观众的身份，坐在观众席上观看。

中间休息时，剧场的灯光亮了起来。不一会儿，主办单位的同志发现了周恩来。一位领导同志来到周恩来跟前，不好意思地说："总理，我们不知道你来，实在对不起……"

"是我叫他们不要打招呼的，我来看戏，和大家一样，都是观众，再惊动你们就不好了嘛！"周恩来没等他说完，抢过话头，微笑着解释道。

1960年，周恩来在北京观看中国儿童艺术剧院演出话剧《以革命的名义》后与大家合影

"总理，请你到后台或者休息室休息一下，喝点儿水。"那位同志客气地说。

周恩来坐着没动，指了指座位，说："就在这里坐坐很好嘛，谢谢你们啦！"

这时，坐在附近的观众都发现了周恩来，许多人站起来，向他投来敬仰的目光，有的还热情地跟他打招呼，或挤过来握手。

同一年，北京曲艺团用曲剧这个新剧种编排了《杨乃武与小白菜》，初次在北京前门外大栅栏仅能容纳 400 人的小剧场公演。周恩来看到报纸上的广告后，交代卫士长说："今天晚上咱们自己买票，去看看魏喜奎他们演出的《杨乃武与小白菜》。谁也别告诉，买到什么票，就坐到哪儿，不许挤群众的座。"

卫士长去买票时，好位置的票都卖完了，只好买了剧场北边靠门的几个座位。晚上，周恩来只带了警卫员、卫士长和司机 3 人前去看戏。为了不惊动观众和演员，他们一行人在场外等到里边灯灭了才入场，悄悄找到座位，坐下津津有味地看起来。

周恩来非常喜欢去首都剧场观看北京人民艺术剧院的戏。20 世纪 50 年代末和 60 年代初，下午工作结束后，周恩来偶尔会问秘书晚上有没有安排，如果没有，他们就可能会去首都剧场看戏。因此，每天演出前，首都剧场都要留下几张票以备不时之需，直到演出半个小时后方才另行处理。

有一天，演出半个小时后，剧场刚把保留票售出，观众也已进场入座，剧场突然接到电话，说周总理要来看戏。怎么办呢？剧场杨经理没有别的办法，只好好言好语地把楼下第 7 排中间几个座位上的熟悉观众请到边上的座位上去。周恩来到剧场后，被悄悄地带到第 7 排座位上就座。

中间休息时，周恩来来到小休息室，问道："我坐的座位上原来是不是有人呢？"杨经理只好说出了实情。周恩来听后，有些激动地说："胡闹！世界上根本没有这样的道理，人家是先来的，我这个后来的反而要把人家赶走。杨经理，休息以后你要把人家请回到原来座位上去，而且要向人家赔礼道歉。要道歉！"他停了一下，又说，"你们剧场里不是还有一个导演间吗？我就坐在导演间里看戏好了。"杨经理只好答应照办。

自此以后，首都剧场有了一个不成文的规矩——周恩来只要迟到了，就坚决要求到导演间看戏，不能有其他的特殊安排。

周恩来到导演间看戏，还发生了这样一个小故事。一次，演出开始后，周恩来来到导演间，房间里没有灯，很暗，只能摸索着坐在椅子上。周恩来顺手拿起桌子上的专用望远镜，看着舞台上的戏。

一位志愿军文工团到剧院学习的导演走了进来，径直坐在周恩来的身边。这位导演视力不大好，对周恩来说："劳驾，也让我看看。"于是，周恩来便把望远镜递了过去。导演一直用望远镜看戏，等到幕间换景时灯光亮起来，他才发现身旁坐着的竟然是周恩来，便很不好意思地大叫一声："啊！原来是总理您呀……我还抢了望远镜！"

周恩来大笑，拍了拍导演的肩膀，说："小同志，我们一起看得很好嘛！……没有关系，我的眼睛要比你好一些嘛！"那名导演很不好意思地笑了起来。

一件的确良衬衫

周恩来常年四处奔波，对乘车出行曾做过许多规定，比如，雨天行车时，车轮子不能把路面上的泥水溅到行人身上；进会场不能抢人家的车道；不要停车场的交通民警给予特殊照顾……周恩来的这些规定，充分体现了他严于律己的高尚情操。

1959 年，第二届全国人民代表大会第一次会议召开期间的一天，周恩来到北京饭店参加小组会议。当他乘坐的汽车快到饭店门口时，饭店工作人员见前面有一辆车挡在那儿，就上前让司机往前开，给周恩来的车让路。

周恩来下车后，批评那个工作人员说："你为什么让人家的车开到前面去？快去把人家请回来。我是代表，人家也是代表呀！"周

周恩来乘坐的轿车

恩来站在饭店门口，那位代表下车后，周恩来主动迎上去和他握手，并坚持让那位代表先进大门。

常年乘坐汽车，难免发生意外。从一次小小的交通事故，我们就可以看出周恩来深切关怀劳动人民的高贵品质。

1972 年 8 月 3 日晚，在北京市西城区府右街、国务院西门北面大约 100 米的地方，北京低压电器厂的青年女工刘秀新因想超过前面的一个骑车人，插到了快行线。刘秀新刚学会骑自行车，是个"二把刀"。她刚骑到快行线上，就听见后面传来汽车喇叭声，于是慌了神，本来应该赶紧往边上靠的，她却一捏闸下了车，愣头愣脑地站在路中间。汽车紧急刹车，车头右侧剐蹭到了她。

刘秀新刚扭过头，车后座旁的窗帘"刷"一下拉开了。周恩来亲切地注视着刘秀新，目光中充满了关切，像在询问：同志，碰着了吗？受伤没有？

这时，司机跳下车来，急切地问："同志，怎么样？碰着没有？"

"没事儿！没事儿！"刘秀新也认出是周恩来总理，又是激动，又有些害怕，有一种闯了祸的感觉。她心里想：我影响了总理汽车的顺利通行，一定会受到领导的严厉批评，说不定还要受处分呢！

周恩来当即对同车的一位国务院办公厅的同志作了三点指示：一，马上送她到医院检查；二，不许批评她；三，代我给她买件新衣裳。

其实，刘秀新只是被汽车剐了一下，衬衫划破了一道儿，后背蹭破了一点儿

皮，回家上点儿药就行了。可是，遵照周恩来的指示留下处理这件事的工作人员，坚持让她坐进另一辆"红旗"轿车，并脱下衬衫让她穿上。

汽车很快开到了医院。检查快结束时，屋里的电话响了。刘秀新听出电话是周恩来打来的。周恩来详细地询问了检查结果，刘秀新激动得泪水禁不住涌了出来。检查和治疗结束后，这位工作人员又打电话请来刘秀新所在车间的支部书记和班长，众人一起坐车到天安门交通队，详细说了这次事故的经过。在刘秀新要离开交通队时，一名国务院的工作人员匆匆赶来，手里拿着一件崭新的白色的确良衬衫，一定要她穿上。这下可急坏了刘秀新，她再三说，衣服划破了，是自己的过失造成的，哪里还能再要衣服呢？送衣服的同志却坚持让刘秀新收下，说这是领导的指示。刘秀新感动得不知该说什么才好，最后只好收下了那件珍贵的衬衫。

总理的神秘皮箱

周恩来有个皮箱，走到哪里带到哪里。不了解情况的人，特别是外国朋友，无不以为箱子里藏着什么重要机密或宝贝呢！

其实，这只是周恩来的行李箱，里边装的都是他的生活用品：

一条被面是绿色平纹布的旧棉被。周恩来用惯了自己的被子，所以出国时不使用宾馆的高级被褥，也免

周恩来的日用品箱子。箱子里原来没有分成格子，为了使用方便，请木工师傅用三合板隔成大小不同的格子，分放周恩来的刮胡刀、漱口杯、毛巾等日常生活物品

得麻烦人家。

一件 1951 年做的旧睡衣。周恩来有睡前办公的习惯，背部着床多，睡衣后背处首先磨薄磨破，先破小洞，渐渐磨成大洞，工作人员补了又补，实在补不了了索性把整个后背换掉，破了再补，所以补丁摞补丁。这件睡衣，周恩来一直穿到去世也舍不得买新的。

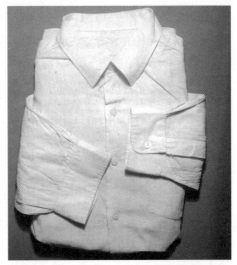

周恩来生活非常节俭，这是他穿的换过领子和袖口的衬衣

几件内衣裤。周恩来的内衣内裤，件件补丁摞补丁。

几双带补丁的袜子。

几条磨得没了绒毛的毛巾。

漱口杯、牙刷、牙膏、香皂。

一个泱泱大国的总理，出国就穿这些旧衣服、破袜子，叫外国服务员看到了会怎么议论呢？

周恩来说："他们不了解我们的国情，和我们的价值观、道德观也不同，难免不理解，所以还是向他们严格保密为好。"

所以，每天早晨周恩来一起床，卫士就先到他的房间，将他的旧被子、破睡衣叠好收进箱子里锁起来，不让服务员看见。等到晚上，周恩来睡前再开锁拿出来。这样，外国服务员从未看到这只箱子打开过，自然就以为里面装的是什么宝贝。

1963 年底到 1964 年初，周恩来计划出访欧、亚、非共 19 个国家，后因乌干达政局动荡，减为访问 14 国。周恩来到达埃及后，中国驻埃及大使馆派人到他的住处，把他要换洗的衣服取走，拿到大使馆去洗。

当时中国驻埃及大使是陈家康，帮周恩来洗衣服的是陈大使的夫人徐克立。

当看到周恩来穿的竟是如此破旧的衣服时，徐克立边洗边难过，她要当面责问总理身边的工作人员，为什么衣服穿成这个样子还不给换新的。

徐克立亲自将洗好的衣服送回宾馆。一见到周恩来的卫士长成元功，徐克立就开始发火："你们简直不像话！"这劈头盖脸的一句，弄得成元功莫名其妙。徐克立边抖开周恩来的旧衣服，边朝成元功嚷道："你看看，你们都看看！这种旧衣服，连我们使馆的工作人员也没有谁再穿了，你们就叫总理穿这样的衣服？太不像话了！我们要给总理做衣服。"

成元功苦笑道："难道我们不想给他做新衣服吗？可你能说服得了他吗？"

"那不行，后面还要走好多国家呢，我们六七亿人口的大国，总理穿这样的衣服怎么行呢？"说着，徐克立从包里取出 3 件外国衬衫，"我和老陈用自己的钱买了 3 件衬衫，我们知道总理的习惯，这不是花公家的，是我们送他的还不行吗？"

成元功说："我们去说，总理是肯定不会听的。最好你自己去跟总理说吧！"

徐克立拿着衬衣去找周恩来。周恩来明白了事情的原委后，笑了笑，说："我还有衣服穿嘛。"

"这是我们拿自己的钱给你买的。"徐克立说。

"你们的钱又是哪里来的？还不是国家的外汇吗？我要是做衣服，在北京就做了，何必花外汇在国外买？再说，我也有衬衣。你问他们我有没有？"周恩来指了指卫士，"破一点儿，还能穿嘛。"

徐克立非要把 3 件衬衣留下不可，她说："这 3 件衬衣，交给成元功带上。如果穿不着，回北京再退给我。"成元功只好收下了。

可周恩来就是不穿。"你们拿回去你们穿！"周恩来说。后来果真如此，这 3 件衬衣带回国后，周恩来始终没有穿。

"我这样做是不是有点过分？"事后，周恩来像是在问工作人员，又像是在问自己，"我看不过分。前提是我们国家还一穷二白。这里有两种考虑。六七亿人口的中国，不就是我一个总理吗？再穷也不缺我几身新衣服，何况对外还有个影响问题。这话不是没道理。但我们不能少了另一个考虑：身为六七亿人口大国的总理，我怎样做不是我一个人的事，这表明我提倡什么。六七亿人口是应该提倡节俭，还是现在就不顾国情去追求享受？我更多考虑的是后者。"

8

一名普通劳动者

1958 年 5 月 25 日是个星期天，下午 3 时，毛泽东、周恩来、朱德等党和国家领导人来到十三陵水库工地，和广大工地建设者一起参加劳动。

当时，毛泽东和彭真一起，手执铁锹铲土；周恩来站在民工队里往大坝上传土。装筐的民工有意少装一些，周恩来开玩笑说："都装这么少，大坝什么时候才能建起来呢？"

他看到附近有 4 名女同志正在挑沙子，便走过去，拿起扁担，问："我跟你们挑行不行？"还没等她们回答，周恩来就将柳条筐担了起来，颤颤悠悠地朝大坝走去。

刘少奇、朱德、

周恩来在北京十三陵水库参加劳动

邓小平等人也和群众一道，打夯的打夯，挑土的挑土，平地的平地，不一会儿都干得汗流浃背。他们毕竟大多是 60 岁以上的老人了，傍晚 6 时 40 分，毛泽东、周恩来等领导同志离开工地。尽管他们参加劳动更多的是一种象征，但还是体现了党中央领导永远不脱离群众的意愿。

6 月 15 日，烈日当空，60 岁的周恩来高擎红旗，率领中央和国家机关各部门领导及部分司、局负责人共 500 人，再次奔赴十三陵水库工地参加劳动。周恩来身穿一件褪了色的灰布衣服，背一顶草帽，肩上搭一条白毛巾，雄赳赳气昂昂地走在国务院队伍的最前面。这次，他们和工地的群众同吃、同住、同劳动，共同战斗了一个星期。

到了工地，大家先席地而坐。工地指挥部的同志说："我们欢迎首长们……"话没说完，周恩来就打断道："这里没有首长，没有总理、部长、司局长的职务。在这里，大家都是普通劳动者。"随着一声令下，周恩来和大家一起开始了紧张的劳动，工地上一片龙腾虎跃的繁忙景象。和周恩来一起参加劳动的领导同志，平均年龄达 45 岁，大家便尊敬地称他们为"黄忠队"。

在工地上，周恩来始终把自己当成一名普通劳动者，不要任何人的特殊照顾。传运大石头时，周恩来站在队伍中间，大家排成一支长长的队伍。石头被太阳晒得火热，但大家的情绪更热，他们风趣地把大石头称作"西瓜"，把小石头称作"香瓜"，工地上的气氛既热烈又欢愉。

有的同志见周恩来年纪大了，故意放慢传递速度，或专把"香瓜"传给他。周恩来却不停地催促："加快速度！来个'大西瓜'！"人多力量大，石头一会儿就堆成了一座小山。

在工地劳动期间，周恩来住在一间简陋的平房里。屋里只有一张用两条板凳架起来的木板床，上面铺着旧布被褥，窗前放着一张旧三屉桌和两张油漆脱落的木椅子，此外什么也没有了。周恩来和大家一样，每天劳动 8 小时，从不迟到，从不早退。

开饭时，周恩来同大家一样排队领取一块烙饼，或者两块发糕，然后席地而坐，吃一口干粮，就一口咸菜，再喝一口白开水。收工后，周恩来跟大家一起在大食堂吃大锅饭，在大澡堂里洗澡，从不搞特殊。

周恩来身边只带了一名警卫员，有人建议周恩来带一名医生，可他怎么也不同意。他说："到了工地，一点也不能特殊，参加水库建设的有工人，有农民，有解放军，有干部，他们就不生病？不用说经过劳动我的身体会更好，即使有点毛病，应该和大家一样，请工地的医生看就是了。"

唯一与众不同的是，每天晚上大伙儿睡下后，周恩来的屋里都还亮着灯，他仍在坚持学习和工作，有时直到后半夜才休息。

周恩来曾对一些担任领导职务的同志们说，我们来参加劳动是为了改变过去的旧风气，创造出一种热爱劳动，上下之间完全平等，大家互相协作和毫无隔阂的新风气。

周恩来是这样说的，也是这样做的。

我带一个好头，可以影响大批党员干部

1949年，北平（今北京）和平解放后，中共中央从西柏坡迁到北平，首选的落脚地是香山。作为党的副主席，周恩来日理万机，有时一天内要不止一次地往返西山与城区之间，既奔波劳累又浪费时间。后来，周恩来、林伯渠等几位领导人率先住进了中南海。周恩来选择了西花厅作为居住地和办公地。

西花厅全是老式砖墙建筑，屋顶为老式筒瓦覆盖，地面为老式方砖。西花厅后院的几间旧式平房，成了周恩来的办公室。工作人员曾打算把院内整修一下，周恩来知道后立即制止了。于是，工作人员只对房屋进行堵漏和简单粉刷，周恩来就住进去了。

1958年夏，《人民日报》记者金凤采写了一条重要新闻，送给周恩来审阅。周恩来看过后说要请示毛主席，金凤便在总理秘书办公室等周恩来。不一会儿，天空乌云密布，雷声隆隆，紧接着下起了滂沱大雨。突然，金凤听到"滴滴答答"的滴水声，抬头一看，原来是屋顶漏雨了。秘书连忙找来一个旧脸盆，放在有裂缝的砖地上接雨水。接着，又找来一个旧脸盆，直奔总理办公室。

金凤忙问："总理办公室也漏雨吗？"秘书点点头。金凤吃了一惊，如果不是耳闻目睹，谁能相信一个泱泱大国的总理还身居漏屋呢？

周恩来的秘书也为维修房子的事着急，可一直没有合适的机会。1959年底到1960年初，周恩来、邓颖超夫妇去外地视察，离开北京前后达一个多月，这给工作人员提供了一个"抢修"西花厅的机会。

北京中南海西花厅，是中华人民共和国成立后周恩来工作和居住的地方。图为周恩来办公室外景

西花厅普通的办公桌，记录着周恩来悉心描绘祖国蓝图的日日夜夜；珍贵的历史镜头，浓缩着他为人民无私奉献的一生

　　工作人员对周恩来的办公室和卧室做了堵漏和粉刷，撤换了一些旧沙发、地毯和窗帘，挖掉了地面方砖，铺上了水泥，办公室和卧室内还铺上了木地板。最后，工作人员还打算把西花厅的大院门也整修一下，想在上边架上拱形过顶，使之与中南海内的其他建筑相协调，也更有利于安全保卫。

　　不料，刚刚砌好大门的两个墙垛，周恩来便回来了。周恩来立即找来主管西花厅事务的何谦，予以严肃批评，并明确表示必须换回原来的沙发、地毯和窗帘，否则决不回西花厅居住。就这样，西花厅院门工程只好停止施工。

　　1960年3月的一天晚上，周恩来把何谦叫到身边，握着他的手，在手背上轻轻拍几下，发出一声长叹，然后诚恳而深情地说："小何，你跟我这么多年，对我的性格还不了解吗？你们花那么多钱，把我房子搞那么好，群众怎么看？你不要只听人说没什么，说只修了应该修的，一旦有人搞个人主义，他就会拿出来作挡箭牌。任何事，不同的意见肯定是有的。而且，真有人学着修起房子来，我还怎么说别人？这个头是我带的嘛。我一个人似乎影响不大，部长、副部长都修起房子来，在群众中会产生什么影响？这样一级学一级发展下去怎么得了？现在呢，既成事实，都为难。我搬进去住吧，我心不安；我不搬去住吧，你们心不安。我知道你们也难。教训哪，你们这么搞对谁也不好啊……"

何谦眼含热泪，静静地听着总理的肺腑之言，心里充满了敬佩和自责。

周恩来问："我的存折上还有多少存款？"

何谦知道周恩来是想由他自己开销修房款，便据实相告："你们的那点工资，除了每月的正常开支，还要负担一些亲属和烈士子女的生活费、学费，每月都已不剩什么。"

"你看，我赔又赔不起，真是没有办法啊！"周恩来又叹了一口气，"何谦同志，你们在我这里工作，一定要了解我。我住得好点，吃得好点，穿得好点，别人不会有意见。但我不能那样做，因为我是国家总理，我带一个好头，可以影响大批党员干部，如果我带一个坏头也会影响一大片。"

后来，何谦将西花厅的地毯、沙发、窗帘、灯具等能搬走的全搬走，恢复了旧貌，只剩下地板和用水泥抹死在卫生间里的澡盆没法拆。周恩来这才重新搬回西花厅工作和生活。

周恩来的住房设施非常简单，办公室连个沙发都没有，还是毛泽东送给他一个特别的单人沙发。周恩来的笔筒就是个普通的玻璃杯，台灯是中南海的工人用铁棒、铁皮给他做的。此后，周恩来一直住在西花厅，房间从来没有大修过。西花厅有养鱼池、水榭，但周恩来怕浪费，生前没有放过水，也就没有鱼虫水草和莲藕，常年干涸着。

他就在你我他之间

周恩来与群众交往时，从来不把自己当"大官"，而是发自内心地把自己看作普通人中间的一员。中南海摄影师徐肖冰概括得好：周总理不是高高在上，他就在你我他之间。

周恩来对身边的工作人员向来是平等相待的，他曾明确表示："在国务活动时我是政府总理，在党内活动时我是一个普通党员，在群众中活动时我是一个普通的劳动者。"

在一次外事活动中，有记者为了抢拍毛泽东与外宾握手的照片，无意中把照相机的长镜头放在了周恩来的肩上。周恩来笔直地站立，尽量保持平稳，甘为记者当摄影支架。记者拍完照片，发现长镜头竟然放在总理肩上，十分内疚和不安，周恩来却微笑着点点头，似乎在说：同志，没关系，这有什么呢?

周恩来和工作人员在一起

服务人员和工作人员见到周恩来，都希望能和他一起照张相，周恩来也很理解大家的心情，总是满足大家的要求。

1965 年，周恩来出访巴基斯坦时，在大使馆和全体人员合影。当摄影师调好镜头准备拍摄时，周恩来说："等一等那位同志。"可是，此时摄影师已按下

1961年，周恩来视察河北邯郸第一棉纺厂时，亲尝工人的饭菜

了快门，拍照结束了。顺着周恩来手指的方向，大家看到一位刚忙完工作的司机师傅急匆匆地跑来。周恩来说："同志们都不要动，让这位同志站好，我们再拍一次。"第二张拍完了，大家正准备散去，又见一位女同志气喘吁吁地赶来，原来她刚才正忙着接电话没赶上。于是，周恩来再一次叫住大家，说："咱们再拍一次。"

巴基斯坦的工作人员听说周恩来一连和大家拍了3张合影的事后，十分感动，用不大流利的汉语连声说："你们的总理好，太好了！"

北京饭店理发师朱殿华为周恩来理发20多年。一般情况下，周恩来都是自己到北京饭店理发。北京饭店有两个理发室，一个为贵宾和国家领导人理发，一个是普通理发室。周恩来总是到普通理发室理发。有时候人多，他就和大家一样，坐在椅子上看报，排队等候。有时工作太忙或急待迎送外宾，周恩来才请朱师傅到家里来理发、刮脸。每当这时候，周恩来都要到门口迎接，并握着朱师傅的手说："老朱，又让你跑一趟，耽误你的工作了。"

有一天，周恩来急着要赶去机场迎接外宾，便请朱师傅来家里为他理发。刮胡子时，周恩来突然咳嗽了一下，朱师傅没有提防，刀子在周恩来的下巴划了一道口子。朱师傅心里很难过，抱歉地说："总理，真对不起你，我工作没做好……""怎么能怪你呢！怪我咳嗽没和你打招呼。还幸亏你刀子躲得快。"周恩来笑着说。

周恩来逝世前一个多月，病情进一步恶化。周恩来有一段时间没有理发了，朱师傅心里惦念，便托人给周恩来捎话，可是没有回音。周恩来逝世后，工作人员请朱师傅为周恩来的遗体整容。朱师傅看到周恩来的头发、胡子都很长，流着泪问："我几次请求给总理理发为什么得不到答复？"工作人员也流着泪回答说："你的请求我们告诉总理了。可是总理说：'他给我理了20多年发，看到我这样，他会难过的，还是不让他来吧！'"

原北京人民艺术剧院演员、一级编剧梁秉堃回忆说，每次见到周总理，无论是在舞台上、后台里、休息室……他都极为主动地、热情满怀地、真心实意地与我们每一个人握手，也不知道前前后后握过了多少次。

周恩来与人握手，总要从离他最远的人握起。如果握不到，他就主动走到跟前去——握手，从不怕麻烦，从不怕辛苦。原来，总理认为站得最远的人，也是最担心握不到手的人，应该尽量不要让他们失望。更让人印象深刻的是，不管对方是干部还是群众，周恩来都先伸出手来拉住对方的手，然后用他那双明亮的大眼睛专注地对准对方的眼睛，凝视片刻后，再握紧对方的手并用力地上下摆动，最后才缓缓放开。

对于这种平等的、真挚的、亲切的握手，有人说："这不仅仅是身体的接触，更是心灵的沟通和交流，能够让人感觉到一种精神上的满足和享受。"

深情一吻

中华人民共和国成立初期，周恩来任总理兼外交部部长。对出国访问或参加重要国际会议的人员，周恩来都要在他们临行前跟他们谈话。

有一次，邓颖超要出国参加一个国际会议。可是，直到邓颖超出发的当天，周恩来也没有同她谈话。邓颖超乘坐的是晚上10点的火车，马上要动身了，可

周恩来和邓颖超夫妻情深

周恩来仍然没有要谈话的意思。邓颖超着急了，推开周恩来办公室的门，有些不满地说："总理，我要向你提抗议了，别人出国你都谈话，我出国你怎么不找我谈话？"

周恩来正在批阅文件，便摆摆手，以示现在正忙。邓颖超只好退了出来。直到晚上9点，周恩来仍"按兵不动"。

邓颖超要动身了，乘汽车去火车站。她刚坐稳，周恩来也上了车。邓颖超以为他要去车站送行，趁这个时候跟她谈出国的事。于是，邓颖超故意不提会议的话头，谁知她不提，周恩来也不提，一直到火车站，两人都没有提及"正事"。

周恩来跟邓颖超一同上了火车。邓颖超深知像丈夫这么认真负责的人，不可能不作任何交代就让她出国，可是在火车上，周恩来还是不谈出国的事。眼看火车就要开了，邓颖超终于沉不住气了，她一边看表一边问："快开车了，你还有什么要说的？"周恩来依旧笑着闲聊。邓颖超只好主动提示："你没别的正经事要说吗？"周恩来仍然一副没明白的表情。

10点钟就要到了，邓颖超一看没时间了，便催促周恩来快下车。周恩来故作神秘一笑，装模作样地看着表说："早着呢，还差两小时呢。"话音刚落，火车开动了。邓颖超埋怨说："叫你磨蹭，这下子热闹了。"周恩来却无动于衷地看着火车驶出站台，诙谐地说："还是很正点的啊。"

"你怎么办？"邓颖超替周恩来着急，"在前面停一下？这可是国际列车。"

"我已经安排加挂了一节公务车，我要去天津同市领导谈工作。"周恩来终于揭开了谜底。

"你怎么不早说？叫我……"邓颖超这才恍然大悟，"气"得她哭笑不得。

"咱们老两口都忙，一直没机会聊家常，我这样安排，没人来打扰，不是很好很别致吗？可以尽情聊上两个小时。"这时，周恩来像个开心的孩子一样，得意地笑着说。

邓颖超也无比欣慰地笑了。在这段难忘的旅程中，他们轻松地谈会议、聊家常。

1954 年春，周恩来率中国代表团参加日内瓦会议。这次会议前后持续了 4 个多月，为开好这次会议，周恩来殚精竭虑，夜以继日地工作。一天，从祖国来的同志给周恩来送来了一枝压好的海棠花和一片压好的红叶，并说这是邓颖超从他们家的庭院里剪下来，压好装在信封里带给总理的。

周恩来最喜爱海棠花。他高兴地看着它，闻着它，这花里、叶里饱含着妻子的亲切问候和祖国人民的深情厚谊啊！在这异国他乡，还有什么比来自祖国亲人的问候更能消除战斗的疲劳呢？日内瓦是一座花园般的城市，这里盛开着五颜六色的花朵。周恩来在百忙中也没有忘记回赠妻子一个热情的问候，他托回国的同志把压好的芍药花和蝴蝶花带回了中南海。

邓颖超手捧着丈夫托人带回的花，仿佛看到了他日夜辛劳的身影和胜利的微笑。北京——日内瓦，海棠花——芍药花，象征着周恩来和邓颖超身居两地互相思念、互相慰勉的深情。

1969 年，越南民主共和国主席胡志

1954 年，周恩来出席日内瓦会议，邓颖超将住所庭院内周恩来喜爱的海棠花摘下压成标本，连同一片红叶标本寄给周恩来

明逝世，周恩来率代表团前往吊唁。当时的越南正处于战火之中，大家都为周恩来一行人的安全担忧。作为妻子，邓颖超的担心更是可想而知。得知周恩来的专机已安全降落在首都机场后，邓颖超心中的石头才落了地。

周恩来一进家门，邓颖超就急匆匆地从沙发上站起来，快步上前，说："哎呀，老头子，你可回来了！你得亲我一下，我在电视上看到你在越南亲吻了那么多漂亮的女孩子，你得抱抱我，亲亲我！"

周恩来哈哈笑着，把妻子揽入怀里，两人温柔而有风度地紧紧拥抱在一起。周恩来在邓颖超的脸上深深地吻了一下，那么自然，那么亲热，那么旁若无人。

刘少奇 的 故事

　　刘少奇（1898 年 11 月 24 日—1969 年 11 月 12 日），伟大的马克思主义者，伟大的无产阶级革命家、政治家、理论家，党和国家主要领导人之一，中华人民共和国的开国元勋，是以毛泽东同志为核心的党的第一代中央领导集体的重要成员。在中国新民主主义革命、社会主义革命和社会主义建设的过程中，刘少奇同志一贯坚持马克思列宁主义的普遍真理同中国的实际情况相结合的原则，在党的建设、统一战线、武装斗争，在职工运动、白区工作和敌后抗日民主根据地的开辟和建设，在经济建设、政权建设、文化教育事业、外交工作等方面建立了不朽的功绩。刘少奇同志对毛泽东思想的形成和发展，做出了杰出贡献，为把党建设成为坚强的马克思主义政党、巩固党的执政地位做出了重要建树。刘少奇同志数十年如一日的不懈奋斗，在中国共产党的历史上、在中华民族走向伟大复兴的历史上占有重要地位。刘少奇同志不忘初心、对党忠诚，坚持真理、实事求是，敢于担当、勇于创造，勤于学习、知行合一，心系人民、廉洁奉公。他的崇高品德和高尚情操，无论过去、现在、将来都是中国共产党人和中国人民学习的光辉榜样。

刘九书柜

　　蜿蜒曲折的湘江，像一条绿色的玉带，从南到北缓缓穿越湖南，注入中国第二大淡水湖洞庭湖。在湘江西侧的宁乡县（现湖南省宁乡市）境内，有一个普普通通的小山村，叫炭子冲。相传在很久以前，这一带的不少人以伐木烧炭为生，因此得名炭子冲。"冲"，是湖南老百姓对山间小块平原的称呼。炭子冲，就是一块夹在两座山岭之间的平地。

　　在炭子冲的东山山坡脚下，有一所坐东朝西的土木结构农舍。1898 年 11 月 24 日，刘少奇出生在这里。刘少奇的父亲名叫刘寿生，母亲鲁氏。刘寿生夫妇共生有四子二女。刘少奇在叔伯兄弟姐妹中排行第九，是这一辈中最小的，所以大家都亲切地叫他"九满"。

　　刘寿生读过几年书，能写会算，思想开明，比较重视对子女的教育。在经济条件并不宽裕的情况下，他坚持送 4 个儿子上私塾。

　　刘少奇 8 岁那年，开始进入私塾读书，先读《三字经》《千字文》，接着读《大学》《中庸》《论语》《孟子》等。就在这由旧堂屋改成的私塾里，刘少奇接受了启蒙教育。刘少奇性格内向，举止文静沉着，上课时用心听讲，下课后不喜欢同别的孩子追逐打闹。所以，他的学习成绩总是名列第一，在小伙伴中很有威信。

　　1911 年，父亲刘寿生因病去世，刘少奇家的境况顿时艰难起来。13 岁的刘少奇课余不忘帮家里做事，其余时间便常常一个人静静地看书。令他苦恼的是，私塾远远满足不了他旺盛的求知欲，先生的刻板的教学方法，也使他逐渐感到厌卷。因此，刘少奇便千方百计地到同学和朋友家借书读。

邻村有一位刘少奇的本家，曾在长沙岳麓书院学习过，家里收藏了不少书，而且为人很热情。刘少奇听说后，立刻上门借书。从此，刘少奇成了这位本家家里的常客，不时登门挑几本书带回家读。

后来，刘少奇又得知同学周祖三家里有很多藏书。原来，周祖三的父亲曾在日本弘文书院留过学，并参加过孙中山领导的同盟会，回国后在长沙等地办学、教书。周家就在离炭子冲不远的首自冲，家中既有国文、算术、历史、地理和数理化方面的教科书，又有当时流行的报纸、杂志、通俗读物和政治书籍。刘少奇兴奋极了，经常到周祖三家借书、看书。

在周家，刘少奇如同进入一个自由的天地，他一头扎进周家书房，往往一坐就是半天，如饥似渴地浏览五花八门的书刊。由此，刘少奇看到了一个广阔缤纷的世界，不但认识了中国的康有为、梁启超、谭嗣同等风云人物，还知道了外国的华盛顿、富兰克林、瓦特等著名人士。其中，湖南同乡谭嗣同献身变法的悲壮事迹，使刘少奇感佩不已。

周家的大人很喜欢刘少奇，对他酷爱读书的精神十分赞赏，刘少奇有时忘记回家吃饭，周家人就把他留下来一起吃。有一天，刮起了大北风，天气特别冷，刘少奇又来到周家看书。刘少奇一进门，周家人见他冻得发抖，便赶快端来一盆炭火放到刘少奇脚下，让他取暖。刘少奇谢过后，在书架上找来一本书，坐在桌前专心地读起来。

不知过了多久，周家人忽然闻到一股烧焦的味道，他们在自己屋里四下寻找，没有发现什么烧焦的东西，这才想起刘少奇脚下的炭火，急忙转身进了书房。只见刘少奇脚上的棉鞋正冒着缕缕青烟，而刘少奇却依然专心读书，丝毫不知道发生了什么。当周家人移开炭火盆，麻利地帮刘少奇脱下冒烟的棉鞋，使劲朝地上拍打时，刘少奇才如梦初醒。

周祖三的父亲见刘少奇四处找书借书，手不释卷，便风趣地送给他一个雅号——小书柜。这个雅号很快就在炭子冲一带传开了。许多人得知刘寿生家的

"九满"爱看书，说话文绉绉的，凡事都能讲出一番道理来，便称呼他"刘九书柜"。

正是由于阅读了大量书籍，身居偏僻山冲的少年刘少奇才对中外大事有所了解，也对一些新知识略知一二，并养成了善于学习、勤于思考的好习惯。

2 不让哥哥"沾光"

1922 年，随着安源大罢工的胜利，安源路矿工人俱乐部声望大增，工人们都争相加入，年仅 24 岁的刘少奇更是受到万余工人的交口称赞，被拥戴为工人领袖，并被选为俱乐部窿外主任。

消息传到刘少奇的家乡湖南宁乡炭子冲，乡人说："当年的'刘九书柜'今天果真成了了不起的人物！"还有人说："朝中有人好做官，找刘少奇做事去。"众人一时议论纷纷，都想到安源"沾沾光"。

一天，刘少奇的哥哥搭火车从炭子冲风尘仆仆地来到安源。见面后两人都很兴奋，各叙离别之情。哥哥说："乡里人听说你在安源干大事，都高兴得不得了，都要来找你寻事做。我这次一是来看看你，二是来找个事做。"

"做事是劳动者的本色，不做事就没有饭吃。"刘少奇高兴地说，"安源是个大煤矿，只有下窿井的事，你就去当个拖煤工吧。"说着，转身交代俱乐部劳动介绍所负责人周镜泉，让他把自己的哥哥安排到井下工作。

刘少奇的哥哥不知道拖煤是怎么回事，心想去试试吧，便二话没说跟着周镜泉走了。

路上，周镜泉边走边想：世上哪有不为自家人着想的？可刘主任却让自己的哥哥到井下拖煤，受苦受累，这不太合适。可能是因为刘少奇身为窿外主任，不便给哥哥安排轻快活吧！

于是，周镜泉自作主张，将刘少奇的哥哥带到铁路局安源车站行车房，对这里的领班说："这位是刘少奇主任的胞兄，现来你处工作，请安排一个写算的事做吧。"领班便将刘少奇的哥哥安排在行车房做掌数员。

不久后的一天，刘少奇路过行车房，看见哥哥正伏在办公桌上打算盘，很是奇怪，便问领班："我哥哥怎么在这里？"

"上班呀。"领班告诉刘少奇，"他可是把好手呢！算得准，写得快。"

"是谁介绍来的？"刘少奇问。

"是周镜泉呀。"领班回答。

回到俱乐部，刘少奇立即把周镜泉找来，严肃地问："是你把我哥哥安排到行车房的？"

"是。"周镜泉知道刘少奇办事一贯认真，铁面无私，心想：这下可要挨批了。

"你为什么要这样做？"刘少奇又问。

周镜泉脸红了，吞吞吐吐地说："我，我是想主任的哥哥刚从乡下来，又是读书人，到井下拖煤怕吃不消……"

刘少奇听后紧锁眉头，语重心长地说："你这就想错了，难道只有让下力人去拖煤，读书人就只能吃快活饭吗？老周呀，你不要给我帮倒忙，你可不能以为我当了俱乐部窿外主任，就应当照顾家人，人家会说我们朝中有人好做官呢！再说，我们的斗争还没有最后胜利，还没有打倒资本家，那就更不能只想自己的事，要多为工友着想。"

说着，刘少奇走到周镜泉身边，自我批评道："这件事我也有责任，对哥哥教育不够。我明天会找他谈谈，还是叫他到井下拖煤去。"

第二天，周镜泉就安排刘少奇的哥哥到井下十三段当了一名拖煤工。

抱小孩的先进！女同志先进！

1939 年 9 月的一天清晨，天刚蒙蒙亮，西安城还沉浸在一片寂静中。突然，天空中隐约传来一阵"嗡嗡"声。紧接着，刺耳的防空警报此起彼伏。原来是日本鬼子的飞机又来轰炸了。

刘少奇正在西安市七贤庄八路军办事处的一间屋里，同陕西省委的一位负责同志谈话。刘少奇由延安去华中根据地，途中在西安作短暂停留。这时，一名警卫战士急匆匆地推门而入，紧张地催促："鬼子飞机来轰炸了，快防空，快！"

"不要紧吧？"刘少奇看了警卫战士一眼，又转向那位省委领导说，"你继续谈吧。"省委的同志见刘少奇不肯走，也着急了，劝道："鬼子飞机轰炸西安，七贤庄每次都是重点，还是躲一下好。再不走，恐怕来不及啊！"

说话间，飞机的马达声越来越近了，震得窗户纸沙沙响。刘少奇这才站起身来，

1939 年 8 月刘少奇在延安机场送周恩来赴莫斯科疗伤时的合影

说:"那好,你们快先走。"当刘少奇和随行的几位同志最后离开屋子时,四周响起了一阵阵爆炸声。炸弹从空中呼啸而下,熊熊大火立刻蔓延开来,眼看就要烧到办事处的房子了。

离八路军办事处200多米的地方,有一个防空洞,可是由于事发突然,一些老百姓一时吓坏了,胡跑乱窜,不知钻防空洞;一些初次遇上这种情况的战士们,尤其是女同志,也有点儿晕头转向,不知所措。

见此情景,刘少奇焦急地高声喊道:"不要慌!不要慌!快向西北方向跑,那里有防空洞,快进防空洞!"

人们醒悟过来,立刻涌向办事处西北方向的防空洞。可是,由于洞口小,人群堵在了洞口处。这时,刘少奇也赶到了防空洞外,他抬头看了看正在头顶盘旋的日军飞机,连忙大喊:"大家不要挤,抱小孩的先进!女同志先进!其他同志依次序进!"听到有人指挥,大家的情绪稍微稳定了一些,进防空洞的速度也快了不少。

敌机还在空中盘旋,寻找投弹目标。几位同志这才发现,刘少奇只顾指挥群众进防空洞,自己却还站在外面,于是朝着刘少奇喊:"胡服(刘少奇的化名)同志先进!胡服同志快进!"

人群马上让出了一条缝。

刘少奇抬头一看,发现几架敌机又要俯冲投弹了,于是焦急地大声催促:"大家别停下,你们快点进!快,快!"话音未落,几颗炸弹在不远处炸开了,泥土溅了刘少奇一身,气浪差点儿把他掀倒。

刘少奇晃了一下身子,抖抖身上的土,继续镇定地指挥大家进洞。等人群进得差不多了,刘少奇才进入防空洞,并守在洞口继续观察敌机动向。

狮子口鞋

皖南事变后，刘少奇临危受命，被任命为新四军政委。当时，敌我力量悬殊，环境恶劣，斗争复杂，刘少奇和军长陈毅担起了重振新四军的重任。他们一方面要部署对付国民党顽固派的进攻，另一方面要对部队进行全面整训。这期间，刘少奇的雄韬伟略深得全党全军钦佩，一则关于"狮子口鞋"的故事也在新四军中广为流传。

何谓"狮子口鞋"？原来，在艰苦卓绝的抗日战争时期，刘少奇穿的那双鞋，不仅鞋帮子和面上都打满了补丁，连鞋尖也磨穿了，一不小心脚趾就会露出来，好似狮子张开了口。许多同志心里很不是滋味，一再劝刘少奇换双新的。

可刘少奇总是摇摇头，谢绝大家的好意："这双鞋子跟我从陕北到华中，劳苦功高，有感情啦！舍不得丢，补一补还是可以凑合着穿嘛！"他还反复嘱咐同志们："大家以后不要把心思放在我身上，要时刻想到四万万同胞的苦难生活。"就这样，"狮子口鞋"伴着刘少奇一天又一天，那张嘴巴也越张越大。

一天，刘少奇和新四军首长们一起开会研究工作。坐久了，刘少奇不自觉地跷起了二郎腿。不好，"狮子口鞋"露馅了，成了会场一道醒目的"风景线"。素来幽默风趣的陈毅军长禁不住窃笑：这个政委呀，你好滑稽哟！可不能再让你"放任自流"了。于是，陈毅叫人暗地里量了刘少奇的鞋的尺码，然后买了双新鞋。

几天后，陈毅拎着一双新鞋来到刘少奇的住处。一进屋，陈毅就指着刘少奇脚上的"狮子口鞋"，用浓重的四川口音嚷开了："你这是啥子鞋哦，都成特制的啰，该进博物馆了哇！"

"打了多年交道，老交情了！新三年，旧三年，缝缝补补又三年，没办法，舍不得丢呀!"刘少奇低头看了看,也不怕陈毅笑话。

"来,换双新的,给大家一点面子。"陈毅冷不丁从背后拿出一双新鞋子,往刘少奇面前一放。

"不,不,那怎么行?"刘少奇忙不迭地推辞。

"看来得给你来点'厉害'!"陈毅顿时"严肃"起来,装作一本正经的样子,声音高了八度,"好,我是军长,现在我就以军长的身份命令你,赶快换上新鞋!"

刘少奇知道陈毅的性格,想想人家鞋子都买来了,只好让步,微笑着说:"好,你是军长,开口就是命令,我服从你,但你做思想政治工作一点儿耐心都没有,我不服气。"

"哈哈,我只知道要你换上这双新鞋,服不服气是你的事。"见自己成功了,陈毅得意地笑了。

随后,陈毅低下头,指着刘少奇的"狮子口鞋",风趣地说:"政委,你看,这头'小狮子'也张开了大嘴巴在笑咱们咧!"

"哈哈哈……"一个军长,一个政委,新四军的两位首长像孩子一样开怀大笑起来。

不允许子女搞特殊化

刘少奇深深地爱着自己的每个孩子,但坚决不允许子女搞特殊化,对子女的缺点、错误,更是毫不留情地批评教育,要求他们醒悟改进,图强自立。

1952年初的一天,中国人民大学计划系党支部召开党员大会,研究关于刘

1949年8月14日，刘少奇在莫斯科同在苏联学习的子女刘允斌（右一）、刘爱琴（左一）及朱德的女儿朱敏（右二）合影

少奇的女儿刘爱琴预备党员转正的问题。事前，刘少奇亲自给人民大学党委打电话，表示刘爱琴没有达到党员标准，不同意她转正，并说："不管什么人入党，都要坚持党员标准。"党员大会讨论时，大家认为刘爱琴不具备正式党员的条件，最后刘爱琴的预备党员资格被取消了。

1955年，刘少奇的儿子刘允若在苏联某大学学习飞机、无线电、仪表专业。一天，刘允若以爱好文学、跟同学关系不好为由，向领导提出了转学要求，并写信将此事告诉了父亲，想得到他的支持。

刘少奇见信后，一连给刘允若去了几封长信，向他说明学习专业知识的重要性，并严厉批评了他的错误思想，尖锐地指出了他的根本问题是骄傲，不尊重别人，"不谦虚，怕吃亏"。刘少奇要求刘允若对待同学应"俯首甘为孺子牛"，请求同学们批评，并向组织承认错误，还教育他要"闻过则喜"，每个人都不得逃避党和人民的监督，而应主动把自己的思想、言论和行动放在党和人民的监督之下……经过父亲和组织上的教育帮助，刘允若改正了错误，并以良好的成绩完成了学业。

1962 年夏天的一个晚上，刘少奇专门召开了一次家庭会议。到会的除刘少奇全家人之外，还有刘少奇身边的几位工作人员。

会议一开始，刘少奇就说："我们家的孩子也不一定要考高中、上大学。能多受些教育固然好，但是没考上就不能要求别人照顾。国家主席的孩子应和工农兵群众的孩子一个样，不能搞特殊。我看，咱们家搞工农兵的都有，也不错嘛！"

原来，刘少奇的儿子刘丁这年考高中，报了几所学校都没有被录取，因此闷闷不乐。刘少奇身边的一些工作人员认为：国家主席的孩子，还能上不了高中？只要刘少奇一句话，问题就解决了。

这事传到了刘少奇的耳朵里，他认为，孩子能不能上高中，应由学校根据他的考试成绩来决定。自己是国家主席，是为国家、人民办事的，没有权力为自己的孩子办私事，更不应该为孩子的升学问题徇私舞弊。如果这样做，不仅对孩子不利，更对党和人民不利。

为了教育孩子和家人，也为了教育身边的工作人员，刘少奇决定召开这次家庭会议。会上，刘丁听了爸爸的话后，受到很大的教育，表示服从学校的决定。后来，刘丁收到了农机学校的录取通知书。那是一所半工半读学制的中等专业学校，且离家较远。去还是不去，刘丁犹豫了。刘少奇鼓励他去，并要求他按时报到。临走那天，刘少奇再三叮嘱儿子要努力学习，积极参加劳动锻炼，不要搞特殊化。

刘少奇不仅从不为子女谋私利，从不搞特殊化，而且还鼓励子女去基层工作，到艰苦的地方锻炼。

1958 年，国家为了改变政府机关臃肿、人浮于事的现象，对国家机关进行了精简整编。精简下来的人员，或支援边疆建设，或调往文化教育单位。刘少奇的女儿刘爱琴所在的国家计委，采用了自愿报名、领导批准的方式进行精简。刘爱琴回家后，跟父亲谈起了此事。刘少奇先谈了下放支边的重要意义，然后鼓励女儿去支边。经过几天的认真考虑，刘爱琴终于下定决心报名支边。

　　刘少奇知道后，高兴地勉励刘爱琴："你就应该下去锻炼锻炼。过去你出去了几次，也跟我谈了很多，浮光掠影，实质性的东西了解得还少。"就这样，刘爱琴告别了父亲，去内蒙古落户支边。不久，刘少奇的儿子刘允斌一家，也在父亲的支持下，离开北京到内蒙古支边去了。

看书就是休息

　　"三天不学习，赶不上刘少奇。"毛泽东的这句话曾在社会上广为流传。

　　刘少奇从小就特别爱学习，整天抱着书看，学习成了他生活中不可或缺的一部分。以"蚂蚁啃骨头"的精神读书，是刘少奇始终坚持的生活状态。

　　曾在上海外国语学社和莫斯科东方大学与刘少奇两度同窗的萧劲光回忆说："到了莫斯科东方大学后，少奇同志当时一心扑在学习和工作上。

1942 年底，刘少奇从华中回到延安，1943 年 3 月担任中共中央书记处书记、中央军委副主席，从此进入中共中央领导核心

少奇同志几乎没有个人爱好，从不闲聊天，也不随便上街。我们不住在一起，但看到他的时候，多是在学习俄文、阅读《共产党宣言》、思考着中国革命问题。"

　　从苏联回国后，刘少奇便投身革命的洪流，尽管长期斗争在风雨如晦的白色恐怖下或炮火连天的战斗前线，可对于读书学习，他一刻也不放松。刘少奇有句名言："没有文化，就搞不好革命工作。"

1939 年 9 月，刘少奇在从延安前往华中敌后根据地的路上，尽管卡车穿行在崎岖不平的山岭中，可是只要一有空，刘少奇的眼睛就没有离开过书。当时，身旁的徐海东说："歇歇眼吧，这么看书你不觉得晕车吗？休息一会儿吧。"刘少奇笑着回答："不要紧，看书就是最好的休息。"看到徐海东疑惑的表情，刘少奇又说："打个比方，你干活干累了，看会儿书算不算休息？再比方你打完仗，看看书算不算休息？"

11 月底，在华中敌后南渡淮河时，刘少奇和随行的同志们挤在一个狭窄的船舱内。时任中共中央机要科组长的薛丹浩回忆说："夜里，我一觉睡醒，约莫半夜时分，看见少奇同志仍然手不释卷，还不时地用笔在书上批写着什么。第二天，我顺手翻了一下少奇同志看的书，原来是一本离开延安时刚刚发下来的《联共（布）党史简明教程》，书页上写得密密麻麻，天头批着这页书的主要内容，旁边写着中国革命的实际问题，下面写的是自己的看法和学习体会。白天，船在水上缓缓行进，船上的年轻人都纷纷走出舱外，或观看河岸风光，或戏水打闹，或看渔船捕鱼，少奇同志却仍然在专心致志地攻读这本 40 多万字的书。"

刘少奇跟身边那些 20 岁左右的年轻人说："我 40 岁了，但还要努力学习，一天不学习，就要掉队。打仗，要学习军事；闹革命，要懂得革命道理。你们还年轻，正是长知识的时候，可要好好学习呀！"

在抗日战争处于非常艰难的时期，一次，新四军支队司令张爱萍去找刘少奇。当时已是深夜一点多，张爱萍进屋一看，刘少奇正在微弱的烛光下专心致志地读书。两人兴致勃勃地谈了两个多小时，张爱萍离开的时候，天快亮了。刘少奇的秘书张彬在送张爱萍出村的路上告诉他："少奇同志每天都这样，不是看书就是看地图，他有句口头禅——'看书就是休息'。"

1942 年，刘少奇从苏北回延安工作，在近一年的时间里，他长途跋涉，越过日伪 100 多道封锁线，途中还参加了数次大的反"扫荡"战斗。可是，就是在这样极其危险的敌后环境中，刘少奇硬是比较系统地把中国历史和中国哲学史学了一遍。

中华人民共和国成立后，尽管身兼数职，工作更加繁忙，可刘少奇对自己的学习仍然抓得很紧。据他的秘书吴振英、刘振德回忆，他的书架上摆满了马恩列斯和毛主席的著作，此外还有《资治通鉴》等历史书籍。

1951年，刘少奇因病到杭州休假。动身时，刘少奇把厚厚的几本范文澜著的《中国通史简编》塞进了行李包。到了杭州，刘少奇整天在屋里埋头攻读。他一边读，一边思考，手里的铅笔不时地在书上圈圈点点，有的书页上写满了眉批。休假结束时，几大本《中国通史简编》也读完了。

1959年秋，中央决定让刘少奇去海南岛疗养一段时间，刘少奇带上了《政治经济学教科书》第三版第四、五、六、七分册。为了学懂弄懂这些书，刘少奇还请薛暮桥、王学文两位经济学专家当自己的老师。这次海南之行，与其说是休假，不如说是举办了一期"政治经济学"学习班。在一个多月的时间里，刘少奇把带来的书通读了一遍，将社会主义经济发展规律等结合当时国家经济建设的实际情况和党的方针政策，反复学习研究。

7

删去废话再发表

1957年5月17日下午，刘少奇接见了由北京地质勘探学院团委副书记王玉茹率领的50多名应届毕业生代表，并和他们作了长时间的谈话。

刘少奇勉励同学们说，为了6亿人民的幸福，为了国家的工业化，要不怕吃苦，要准备在野外工作几十年，要甘愿当建设时期的游击队、侦察兵，做建设时期的开路先锋。刘少奇还送给同学们一支猎枪，同学们也送给刘少奇一些小礼品。

接见结束时，王玉茹对刘少奇说："我们一定要把您讲的话，第一时间整理出来，传达到每个同学。"在场的中国青年报社记者徐才也说："我们要尽快在报上发表您的重要讲话。"刘少奇听后表示："你们什么时候整理好，就拿到我这里来，我亲自看一看。"

回去的路上，学生代表们津津有味地谈论着刘少奇的谆谆教导。大家认为，刘少奇的讲话十分亲切感人，明确回答了他们的问题，端正了他们对毕业分配的态度，对广大青年都有普遍教育意义。大家研究后，一致决定立即写一篇报道。

当天深夜，王玉茹和徐才拿着刚刚写好的报道初稿，来到中南海请刘少奇审阅。刘少奇有些惊讶，笑着说："你们好快呀！要是我们的工作都有这样的效率就好了，还是年轻人干劲大。"说着，便拿起稿子逐字逐句地边看边修改。刘少奇看了一会儿，觉得这样速度慢，便让王玉茹给他念，他听到不当的地方便提出修改意见。

刘少奇对自己下午同他们讲话的内容，修改意见并不多，但对那些描写他的音容笑貌、谈吐风度的赞美之词，如"神采奕奕""慈祥和蔼""伟大""崇高""最难忘""最宝贵"等则深感不安，便拿起铅笔删除。刘少奇严肃地说："这些都是废话，不仅无足轻重，而且讨厌。不要华而不实，写文章也要如此，现在有些文章有这个问题。废话多，这也是文风问题，要注意。"

刘少奇见王玉茹有点儿尴尬，便换了语气，和缓地说："我不是批评你们，我是说要注意这个问题。你们写了那么多'神采奕奕'，我真的有那么神采奕奕吗？"说完，大家都笑了起来。

王玉茹仍坚持说："不写那么多，可是总得给我们保留两处。否则，群众要责怪我们了。"刘少奇这才勉强同意了她的要求。

刘少奇听王玉茹念到同学们给自己送礼那一段，便说："这个不要写了，我们不主张给领导同志送礼。写出去将来老百姓给领导同志送礼就不好了。我送给你们一支猎枪可以写。"接着，刘少奇讲起前不久河北省平山县一位老大娘来中南海，一定要把一袋小米和几斤红枣送给他的事。刘少奇无限深情地说："我们的人民实在太好了，太可爱了，我们为他们做的事还很不够啊！"

王玉茹听后很受感动，但她仍坚持说："这些小礼物代表了同学们的心意，这段不写进去，同学们要有意见的。"

刘少奇见她一副执着的样子，笑着说："你把群众和同学们端出来，这一着真厉害，把我'将'住了。看来，这一段只有保留喽。"

一次不同寻常的握手

1959年10月26日，全国先进集体和先进生产者代表会议（亦称全国群英会）在新建成的人民大会堂召开。参加会议的是来自各条战线的劳动模范，会议规模之大、规格之高，都是空前的。

下午3时许，人民大会堂湖南厅内热闹异常，国家主席刘少奇等党和国家领导人亲切接见与会的部分代表。刘少奇径直走到一位身穿劳动服的工人面前，一把握住对方结满厚茧的手，脱口而出："你是老时吧！"

被刘少奇称作"老时"的时传祥，是北京市崇文区清洁队掏粪工，他从事这项工作已经整整30年了。

有人会问，什么是掏粪？现在，清理粪便是用带吸管的运输车，把粪便吸到运输车上的罐子里运走的。可是，在20世纪50年代，清除粪便得靠清洁工人用大粪勺子把粪便从便池里舀出来，装进桶里，再背到粪车上运走。在旧社会，掏粪工人生活在社会最底层，收入非常低，见人矮三分，经常受人侮辱打骂。阔人老爷、公子小姐们见了掏粪工人，都捂着鼻子躲得远远的，还骂他们是"臭屎蛋""屎壳郎"。

一次，时传祥在一个阔老爷家里掏完粪，又累又渴，想喝点水，一个仆人刚要拿勺子给他，就被老爷厉声喝住："别给他，弄脏了咱们的勺子！把那个碗给他用。"时传祥顺着老爷指的方向看去，原来是一只喂猫的破碗，于是气得转身就走了……那时，在掏粪工人中还流传着一句顺口溜："吃马路，睡马路，铺着地，盖着天，脑袋枕着半块砖。"他们的悲惨生活由此可见一斑。

新中国给了时传祥等掏粪工人做人的尊严，工人当家做主使他们扬眉吐气。因此，时传祥把对共产党的感激之情化作无穷的力量，积极努力工作。

此时此刻，时传祥万万没想到，国家主席竟能一眼认出自己来。

刘少奇亲热地握着时传祥的手，关切地问："老时啊！这几年生活过得怎么样？清洁队的工人同志工作累不累啊？"

时传祥有点儿拘谨地回答："我们现在的生活过得挺好。大家的干劲可足了！过去我们是用轱辘粪车一车车推，平均每人一天背 8 桶粪。现在改用汽车运，工作效率提高了，平均每人一天背 93 桶半。大家并不满足这些成绩，还要为社会主义多出几把力呢！"

听了这番话，刘少奇很高兴，称赞道："大家的干劲真够足啊！可是光你们先进还不行，还得加把劲把全市的清洁工人都带动起来。老时，过去掏粪工人识字的很少，你们现在学了没有？学得怎么样？"

时传祥见刘少奇这么平易近人，也渐渐不再感觉拘束。他向刘少奇汇报道："大家进业余学校学习后，不少人都达到了高小程度，能看报、写信了。就是我差点儿，现在才认识两三百字，连自己的名字都写不好。"

刘少奇听后，既是批评更是鼓励地说："老时啊，一个先进生产者，一个共产党员，光工作好还不行，各方面都应该好。我们的事业越来越发展了，没有文化哪行？我都这么大年纪了，现在还学习呢！你才 40 多岁，更要学，时间还不晚。"说着，刘少奇拿出一支"英雄"牌金笔送给时传祥，说："以后要好好学习，阳历年的时候给我写封信，好不好？"

握着亮闪闪的金笔，听着温暖的话语，想想旧社会掏粪工人的苦难，再看看今天自己竟能和国家主席一起亲切交谈，时传祥内心百感交集，眼圈一红，激动的泪水流了下来。

刘少奇推心置腹地对时传祥说："我们在党的领导下，都要好好地为人民服务。你掏大粪是人民勤务员，我当国家主席也是人民勤务员，这只是革命分工不同，都是革命事业中不可缺少的一部分。"

刘少奇紧紧地握着时传祥的手，勉励他回去后要更好地为党工作，不要骄傲自满，要把首都建设得更加美好。时传祥也表示要永远听党的话，当一名优秀的掏粪工人。

1959 年 10 月，刘少奇、周恩来、邓小平、彭真等同志接见出席全国群英会的代表

1959 年 10 月 29 日，《人民日报》刊登了刘少奇与时传祥的合影，这对全国从事清洁工作的劳动者都是巨大的鼓舞。时传祥说："我已经干了 30 年的掏粪工，只要党需要，我还要再干它 30 年、60 年！党需要我干到什么时候，我就干到什么时候。"

"群英会"后，时传祥满怀幸福和激动之情回到了清洁队，带领着掏粪工人们干得更欢了。时任北京市副市长的万里也曾背起粪桶，跟着时传祥学习背粪，给环卫工人鼓气，在北京城里传为佳话。

清华大学的一些学生也曾拜时传祥为师，学习他身上那种吃苦耐劳的精神和"宁肯一人脏，换来万家净"的崇高思想境界。工作之余，时传祥以"蚂蚁啃骨头"的精神坚持学习文化知识。1959 年 12 月 26 日，刘少奇收到了时传祥的来信。当天晚上，刘少奇高兴地对夫人王光美说："全国著名劳动模范时传祥给我写了一封信，你看看。"刘少奇赞扬道，"好老时，有毅力，有气魄嘛！"

一次不同寻常的握手，把领导干部与劳动人民的心紧紧地联系在了一起。

9

少奇同志

1947 年 7 月，刘少奇在河北省建屏县（今平山县）西柏坡主持召开全国土地工作会议，讨论制定《中国土地法大纲》时，其职务是中共中央书记处书记、中央军委副主席和中央工作委员会书记。会议期间，大家都尊敬地称呼他"刘副主席"，甚至在呈送给他的报告、文件和讲话稿上也冠以"刘副主席"的称呼。

对此，刘少奇专门在一次会议上讨论了党内称呼问题。他首先问大家："同志们，我们同在一个革命队伍里，志同道合地在一起奋斗，最亲切的称呼是什么呢？"与会人员一时摸不着头脑，会场一片寂静，大家互相对视着，都在急切地等待答案。

刘少奇大声说："是同志！"接着，刘少奇又诚恳地说："我称呼你们'同志'，希望你们也称呼我'同志'。我不喜欢你们叫我'副主席'。你们以后就叫我'少奇同志'，这样称呼，我感觉很亲切。"就这样，"少奇同志"这个称呼就叫开了。

中华人民共和国成立后，刘少奇先后担任中央人民政府副主席、全国人民代表大会常务委员会委员长、中华人民共和国主席等重要职务，是党和国家的主要领导人之一。但是，在刘少奇身边工作的人，谁也没有称呼他的职务。刚到刘少奇身边工作的同志，对不称其职务而直唤"少奇同志"，总觉得不习惯，喊不出口。不过，时间长了，就都觉得只有叫"少奇同志"才最顺口、最亲切。

1954年9月，刘少奇当选为第一届全国人大常委会委员长。秘书杨俊在向刘少奇汇报工作时，心想刘少奇现在当了委员长了，不称党内职务，行政上的职务应该可以吧！于是，他来到刘少奇办公室门口，轻轻地叫了声"委员长"，可刘少奇没有应声，头也不抬地伏案工作。杨俊以为刘少奇没有听见自己的声音，于是提高嗓音，又叫了一声"委员长"，刘少奇还是没有反应。

杨俊心里不禁犯起了嘀咕，脑子里快速地搜索自己有没有什么做得不对的地方，可是一时间没发现什么不妥之处，于是壮着胆子叫了第三声"委员长"，声音比前两次响亮得多。这回刘少奇终于有了反应，不高兴地抬起头来看了看杨俊，严肃地说："你怎么突然叫我这个，不感到别扭吗？"

刘少奇平时很少责怪工作人员，他这一问，把杨俊问了个大红脸。刘少奇的语气缓和下来，说："以后不要这样叫了，还是叫同志。叫同志多顺口啊！"杨俊这才恍然大悟，表情尴尬地低着头，两颊憋得通红。

王光美赶紧过来解围，和颜悦色地对杨俊说："你怎么叫他'委员长'呀？委员长是对外的称呼，在家里还是像往常一样叫'少奇同志'嘛！既顺口，又亲切。"

那段时间，别的同志也遇到过类似的情形：称呼刘少奇的职务时，往往连叫几声他都不吱声，一改口称"少奇同志"，他就马上答应了。不久，刘少奇郑重地向工作人员重申：无论何时何地，对他一律称同志，不要称职务。

刘少奇说："在我们党内，只有对3个人可以称职务，一个是毛主席，一个是周总理，一个是朱总司令，大家称他们主席、总理、总司令，这是多年来形成的习惯，没有必要改，对其他人，应该一律互相称同志。"

1959年6月，刘少奇到庐山开会，身边的工作人员更换了，一批新人不知道这个规矩，便按通常的做法称呼他"刘主席"。一次，一名勤务员来到办公室门口提醒正在专心办公的刘少奇："刘主席，该吃饭了。"刘少奇站起身来，对

20世纪50年代的刘少奇和王光美

他说："请叫我少奇同志吧。你叫着顺口，我听着顺耳，彼此也觉得亲切。你说好不好啊！"勤务员听后连忙改口说："少奇同志，该吃饭了。"刘少奇高兴地说："这么叫就对了！"

刘少奇以身作则，带了个好头，渐渐地，党内对其他领导人，也养成了称同志的习惯，如称小平同志、陈云同志、彭真同志等，大家显得融洽和谐。1965年，中共中央还专门就称呼问题发出通知，要求党内一律称"同志"。

不能滥用手中的权力

1959年4月，刘少奇当选为国家主席的消息传回家乡后，有些本家、亲戚以为刘少奇的职务变了，地位更高了，办事也更容易了，自己也许能跟着沾点光。于是，有人或找上门，或托人捎话、写信，请刘少奇解决他们的困难或满足他们的要求。

这些人中，有的想离开农村到城市工作，有的想调到好点儿的工作单位，还有的是想要些东西。这不，国庆节前夕，刘少奇的侄女和几个亲戚一齐找到北京来了。

刘少奇对自己和家人及亲戚们的要求一向很严格，从不允许任何人利用他的职权谋取个人私利。这年的国庆节，是中华人民共和国成立10周年大庆，作为国家主席，刘少奇工作繁忙是可想而知的。但是，当得知自己的本家、亲戚有不正确的想法，甚至因为自己不给他们帮忙而产生埋怨情绪时，刘少奇认为有必要对他们进行思想教育。

这天，刘少奇让秘书刘振德通知全家成员和来京的亲戚们，到他的小会议室参加家庭会议。

大家坐好后，刘少奇首先说："今天，请你们来开个会。这个会议室是我曾主持政治局同志开会的地方，可见我是很重视、很认真地对待这个会议的。"

看到大家疑惑不解的神情，刘少奇接着说："为了什么事呢？就是要正确处理人民内部矛盾嘛！什么矛盾呢？你们以为我当了国家主席，给你们一点方便，给你们搞点东西很容易。但我和你们的看法不一致，这就是个矛盾。有了矛盾就要正确处理，所以找你们来开会。"

参加会议的几个亲戚，听了刘少奇这番话，不禁动了动身子，有的还张了张嘴，好像想说点什么。但看到刘少奇那严肃认真的样子，他们只得重新坐好，继续听他讲。

刘少奇说："现在解放了，当农民的也好，当工人的也罢，生活都比过去好

刘少奇与亲戚们聊家常

多了。完全的平等合理，现在还做不到。你们在农村的想进城，希望我帮忙。不错，我是国家主席，硬着头皮给你们办这些事，也不是办不成。可是不行啊，我是国家主席不假，但我是共产党员，不能不讲原则，滥用手中的权力啊！"

看到大家都不吱声，刘少奇站起身来，一边在屋子里来回踱着步，一边耐心地说："现在生活比过去好多了，可是国家还不富裕，还有许多困难。我们大家都要好好工作，建设好这个国家，不能因为你们是国家主席的亲戚，就可以搞特殊，就可以随随便便，不好好工作。"

说着，刘少奇走到侄女身边，停住步子，慈祥又认真地说："你要一块手表，我不是舍不得，也不是给不起，不是这样一个问题。我给你块表，也不能代替你革命。古人说：'富贵不能淫，贫贱不能移。'要艰苦朴素，不断革命嘛！我的权力不能乱用，决不能用它为个人谋利益。你说对吗？"

刘少奇的侄女不好意思地低下了头。那时，上海牌手表刚生产出来，曾作价60元送来给刘少奇，只要刘少奇点个头，侄女要的表就解决了，可刘少奇没有这样做。

刘少奇又转向大家，意味深长地说："在你们看来，帮助安排个工作，那是我一句话就可以办到的事。但是，这一句话我不说，也不能说。我不能乱用党和人民给的权力，不能搞特殊。你们现在已经可以吃饱、穿暖，就该好好为国家工作，要为国家争气。"

刘少奇的一席话真挚诚恳，态度坚决，使大家受到了很大的教育。本想找刘少奇帮忙的，听了这番话后，都悄悄把话咽回了肚子里。

江上遇险

1960 年 5 月 15 日，刘少奇乘"江峡"轮离开重庆。第二天，刘少奇途经三斗坪，考察未来的长江三峡水电站大坝坝址。考察结束后，刘少奇又匆匆乘客轮顺江东下，前往武汉。客轮破浪前进，它的前后有几只小船正借助风力和水势，顺流而下。

客轮刚过宜昌，天空忽然乌云滚滚，刹那间，四周黑得像锅底一般。紧接着，狂风裹挟着雨水呼啸而来，小山似的巨浪一个接一个地扑到甲板上来，客轮剧烈地颠簸起来。客轮在波峰浪谷间摇来晃去，经验丰富的老舵手知道，这是龙卷风来了！

客轮上的气氛，突然变得紧张起来。船长飞奔到驾驶舱，水手们迅速各就各位，其他船员也纷纷上了甲板。大家都十分焦急，为客轮的安全担心，为刘少奇的安全担心。保证国家主席的安全，这是党和人民交给他们的重任，他们怎么能不紧张、不担心呢？为安全起见，船长命令打开探照灯。雪亮的光柱划破黑暗，投向江面，给人们增添了几分安全感。

船员们忽然发现，距客轮不远处，有几只小木船就像树叶一样在风浪中漂荡。随着咆哮的巨涛，小木船忽而被托上浪尖，忽而被压到涛底，随时

国家主席刘少奇在人民代表中间

都有倾覆的可能。小船上的人更是惊慌失措，本能地大声呼救。

客轮上的人们倒吸了一口冷气，焦急万分地议论着：

"啊，前面有情况！"

"小船危险！"

"怎么办？我们总不能见死不救吧？"

"我们的任务是保证主席安全，偏离航道去救他们，恐怕自身都难保！"

"赶快用信号通知其他船只来救！"

……

呼喊声惊动了正在伏案工作的刘少奇，他赶忙走出船舱。得知附近的小船遇险，刘少奇二话没说，当即命令船长：马上救援！

"可是……我们要保证主席您的安全呀！"船长犹豫了，他知道，在这种情况下停船是很危险的。

"船长同志，你不能只考虑我的安全，正因为是国家主席坐的船，更应该首先抢救人民群众！"刘少奇明白船长的意思，但还是不容置疑地下了命令。

根据刘少奇的指示，船长立即带领船员们奋不顾身地投入抢险搏斗中。经验丰富的老舵手把稳航向，克服浪涛的推力，让船侧身擦过浅滩；水手们用索链把自己固定在船栏上，探身舷外，把小船上的人和几名落水者一一拉上甲板。刘少奇不顾保卫人员的劝阻，也跑上甲板参与抢险。

船长急坏了，坚决要求刘少奇回舱休息。刘少奇恳切地说："你们都在奋力抢险，我能在一旁坐着吗？快给我任务吧！我也是普通一兵！"

巨涛像矗立的墙壁咆哮着扑来，重重地摔在甲板上，浪沫和雨点像利箭一般飞溅到舷窗上。刘少奇紧皱眉头，双眼顺着四下扫射的探照灯光，在江面上焦急地搜寻着。发现还有几只小木船在风雨中飘摇后，刘少奇立即命令客轮横过来，为小木船挡风，让小木船往客轮身边靠，然后又让人用绳索将它们和客轮固定在一起。

见小木船都已靠拢客轮，小木船上的人都已脱险，刘少奇的脸上终于露出了欣慰的微笑，这才放心地回到舱内，重新拿起文件。

天亮时，风停雨住，江面又恢复了平静。朝霞映红了天空，染红了江面，也染红了船上人们的笑脸，大家都为战胜了这场突如其来的暴风雨而感到高兴。

连接小船的缆绳解开了，被救的船工们紧紧地握着船长和水手们的手，激动地告别了客轮。当得知下令搭救他们的是国家主席刘少奇，并且刘少奇还亲自组织了这场抢险时，被救的船工们禁不住热泪盈眶。他们依依不舍地望着国家主席乘坐的客轮缓缓驶向东方，不停地挥手致意，心里充满了温暖和幸福。

朱德
的
故事

朱德（1886年12月1日—1976年7月6日），伟大的马克思主义者，伟大的无产阶级革命家、政治家、军事家，党和国家的卓越领导人，中国人民解放军的主要缔造者之一，中华人民共和国的开国元勋，是以毛泽东同志为核心的党的第一代中央领导集体的重要成员。在新民主主义革命时期，朱德先后担任中国工农红军总司令、八路军总司令、中国人民解放军总司令，为中华民族独立和解放、为建立人民当家做主的新中国做出了杰出贡献。新中国成立后，朱德参与领导了我国社会主义改造和经济建设，为党的纪律检查工作做了大量奠基性工作，在人民军队革命化、正规化建设方面提出了很多重要思想，为国家政权机构制度建设、组织建设和社会主义法制建设做了大量卓有成效的工作。朱德不仅具有崇高的革命理想，而且具有钢铁般的坚强意志，他的伟大人格和革命风范受到全党、全军和全国各族人民的敬仰和爱戴。毛泽东同志称赞朱德同志是"人民的光荣"，周恩来同志称赞朱德同志的革命历史"已成为二十世纪中国革命的里程碑"。这是党和人民对朱德同志的最高评价，朱德同志当之无愧！

寻找"新生命"

1911 年，辛亥革命虽然推翻了清王朝，但中国仍处在军阀割据的混战中，广大劳动人民陷入了更加深重的灾难。面对这种情况，满怀救国救民热忱的朱德，深感烦闷和苦恼。

从五四运动开始，朱德受到新思想的强烈冲击，开始接触马克思主义。随着认识的不断加深，他认定只有共产主义、共产党才能真正拯救中国。所以，朱德不惜辞去军中要职，开始了寻找党和寻求真理的艰辛历程，寻找属于自己的"新生命"。

1922 年夏，孙中山想以 10 万元大洋委任朱德组建新滇军。结合自己 10 多年来的亲身经历，朱德对孙中山希望借助一部分军阀的力量打击另一部分军阀的做法已不再相信，便婉言拒绝了。

几天后，朱德在上海闸北的一座房子里见到了中国共产党中央执行委员会委员长陈独秀。朱德将自己报考云南陆军讲武堂，在滇军中担任旅长，参加护国战争和护法战争的前后经过说了一遍，并明确表示自己寻找共产党、加入共产党的愿望。

陈独秀认为，中国共产党是极严密的组织，像朱德这种从旧军队过来的人申请入党，还需要长时间的严峻斗争的考验。陈独秀建议朱德，还是回到旧军队去起积极的作用比较好，没必要非参加到中国共产党中来。

陈独秀的回答让朱德感到非常痛苦，他后来回忆说："我当时感到十分的绝望、混乱。我的一只脚还站在旧的秩序里面，而另一只脚却不能在新的秩序中找

1916 年的朱德

到立足之地。"

朱德没有因陈独秀的拒绝而对共产党失去希望和信心，经与好友孙炳文商量，他们决定到马克思的故乡去学习革命理论和革命方法，寻找拯救中国的道路。9 月初，朱德与孙炳文登上法国"安吉尔斯"号邮轮，离开上海。经过一个多月的航行，10 月中旬抵达马赛。当天，他们就乘车去了巴黎。

在巴黎停留期间，朱德和孙炳文住在一个中国商人的家里。眷念故土的房主有空就请两人介绍祖国的事情，他也热情地讲述巴黎的情况。一天，房主告诉朱德，听说一些留学法国的青年学生组织了一个叫"共产党"的团体，闹起了革命。

说者无意，听者有心。经再三打听，朱德得知这个团体的负责人叫周恩来，现已去了德国柏林。这一意外的消息，点燃了朱德、孙炳文寻找党的希望之火，他们当即决定去柏林找周恩来。

找到周恩来的住处后，朱德与孙炳文怀着忐忑的心情，小心翼翼地轻叩房门。门开了，一位身材挺拔、

1923 年，朱德（前排右一）在哥廷根与入党介绍人张申府（前排左一）等人合影

眉清目秀、双眼炯炯有神的年轻人走了出来。这人正是周恩来，看上去只有二十五六岁，举止文雅，待人热情。

进屋后，周恩来亲切地问道："请告诉我，有什么事需要我帮助你们？"一句温暖的询问，顿时驱散了朱德心头的重重顾虑。面对比自己小12岁的周恩来，朱德端端正正地站着，激动地说明了自己的身份和经历，还将自己如何逃出云南，如何会见孙中山，如何在上海被陈独秀拒绝等和盘托出，并特别强调了自己此次到欧洲来就是为了寻找革命道路，寻找新的生活方式。

最后，朱德恳切地希望能加入中国共产党，并表示一定会努力学习和工作，只要不再回到旧的生活中去，派他做什么都行。

周恩来聚精会神地听着，不时在笔记本上记录着，周恩来被朱德不同寻常的经历和执着的追求深深打动了。周恩来微笑着说："我愿意介绍你们加入中国共产党，在你们的入党申请未得到国内党组织批准以前，可以接收你们为候补党员。"

朱德和孙炳文上前握住周恩来的手，激动得喜泪横溢，许久才说："恩来——同志！"

周恩来为朱德、孙炳文找好了住处，朱德就以"候补党员"的身份旁听党组织的学习讨论会，会后党组织还安排专人帮助他学习。1922 年 11 月，经周恩来、张申府介绍，朱德、孙炳文被国内党组织批准加入中国共产党。

周恩来把这一喜讯告诉朱德和孙炳文时，还特别叮嘱道："你们加入中国共产党的事，一定要严格保密、不能张扬。这是革命斗争的需要，对外不要公开共产党员身份。因为像你们这样具有社会背景的人，便于团结更多的人。"

朱德与孙炳文牢记周恩来代表党组织的嘱咐与要求，积极参加党组织的活动，执行"宣传主义、吸收同志"的任务，刻苦学习马克思主义理论，主动参与社会实践。朱德终于从旧时代的困惑和矛盾中拔出了脚，站在了新的时代里。

《红军过草地》（油画，张文源 作）

伙夫头

1927 年秋，朱德率领南昌起义军余部，在湖南汝城与国民党第十六军军长范石生建立了秘密统一战线。11 月，范石生写信约朱德前往汝城，磋商合作事宜。

接到范石生的信后，朱德马上召开了党组织会议，并提出自己亲自前往汝城谈判的想法。陈毅等人考虑到从驻地到汝城有 40 多公里，山高路险，且山中盘踞着何其朗股匪，担心朱德的安危，便纷纷劝阻。

但是，为了保存南昌起义的革命种子，争取范石生支持革命，以解决部队在编制、军饷等方面的实际困难，朱德早已将生死置之度外。11 月 20 日，朱德毅然率领教导队的 50 多名战士，出发前往汝城。

途中，朱德冒着风雨，率领部队在山间泥泞小路上疾步行军，很快通过了何其朗股匪的聚集地。此时天气渐晴，有的同志认为已脱离土匪占领区，加上身体疲劳，便提出到附近村庄休息的要求。

朱德察看地形后，不同意停留，他说："你们注意到没有？沿途的深山丛林中，好几次有人在周围和后面若隐若现、鬼鬼祟祟地跟踪，很可能就是何其朗股匪的侦探，我们还是继续前进，到前面比较安全的地方再说吧。"

晚上，途经汝城县濠头圩时，朱德选定了村外一处有利地形作为紧急集合点，嘱咐大家提高警惕，严防何其朗股匪偷袭，然后把部队分散到村里的一座祠堂和几间空置的民房中宿营。朱德自己住在祠堂里。

上半夜平安地度过了。下半夜，哨兵因急行军一整天，极度疲劳，竟打起了瞌睡。突然，"砰"的一声枪响，划破了寂静的夜空，紧接着枪声大作。

听到枪声后，朱德跃身一看，匪兵已包围了祠堂，躲藏或撤离都已来不及了。朱德想起旁边有个厨房，便拉上警卫员进了厨房，把手枪等塞进柴火堆里，顺手抓起一条围裙围在腰间。刚系好围裙，就见几个土匪吆五喝六地冲进来了，为首的小头目端着枪，凶神恶煞般喝道："你是什么人？"

"伙夫头。"朱德在围裙上擦了擦手，不慌不忙地说。

土匪小头目上下打量了一番，只见面前的人黑黑的脸庞，长长的胡子，身着一件破旧不堪的旧军服，腰间系着一条烂围裙，脚上穿着一双横七竖八裹着布条的烂草鞋，真是一副伙夫样。土匪小头目信以为真，厉声喝问："老实说，你们的头头住在哪里？"

"在后面屋里。"朱德往没人住的祠堂里一指，说道。

"搜！"土匪小头目对身边的土匪们吼道。土匪们急于抓到朱德，无意和眼前的"伙夫头"纠缠，便一窝蜂地冲了进去。

朱德趁机折回厨房，从窗户跳出，脱离了险境，向事先指定的紧急集合点跑去。随后，朱德集合战士，打退了敌人，继续向汝城进发。

不仅敌人把朱德当成伙夫，红军战士也常把朴实无华的总司令当成伙夫。

1936年7月，红军左路军北上穿越康北草地。一天，朱德和红三十军的一个单位一起走。这个单位的伙夫小陈双脚打了血泡，还挑着一副担子，一边是桶，一边是铁锅，一瘸一拐地前进。朱德很心疼，忙上前对小陈说："小同志，你歇一歇，我替你挑一会儿。"

朱德挑了一阵，休息号响起后放下担子，掏出烟斗悠闲地抽着烟，同周围的人摆起龙门阵。这时,从后面走来几个喘着粗气的战士,他们见朱德脸庞黑黑的,满嘴胡须,身边还放着一口大锅,以为他是炊事班长,便亲热地招呼道:"喂!老班长,有开水喝吗?"

朱德连声应着:"有!有!你们等一下,我马上就烧。"说罢,就要起身拿锅。

坐在旁边的警卫员着急了,一把夺下铁锅,气呼呼地对那几个战士说:"这是总司令,什么班长!"战士们一听愣住了,低着头呆呆地站着。

自此,"伙夫头"朱德的故事在草地不胫而走,他那普通一兵的崇高形象,在红军战士们的心目中变得更加光辉了。

徐向前元帅回忆说:"我第一次见到他,就深深为他那平凡、朴素的'庄稼人'风度所感动。行军路上,他经常把马匹让给伤病员和女同志骑,自己跟着队伍行进,帮战士背枪、背行李、挑担子。有些同志不知他是总司令,称他'老伙夫''老头''同志哥',他都亲切应答,乐呵呵的,瞬间就和大家打成一片。"

朱德的扁担

1928年秋,红军驻扎在井冈山一带。这里总共才数千人口,年产稻谷不足万担。这么一点粮食,连老百姓自己糊口都难,更别说供部队吃粮、储粮了。为解决这个问题,红四军司令部发起了挑粮上山运动。

所谓"挑粮上山",就是到盛产稻米的宁冈县(今属井冈山市)买粮,挑到井冈山上来。战士们积极响应号召,纷纷报名。这天晚饭后,朱德找到司务长老秦,说:"我来报个名,明天参加挑粮。"

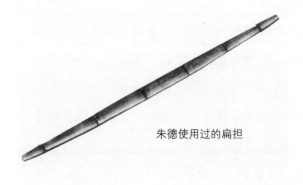

朱德使用过的扁担

老秦想：军长已是40开外的人了，每天都要辛苦处理那么多军务，哪能再让他去挑粮？于是灵机一动，随口说道："不行啊，军长！我们挑粮队规定，40岁以上的人，不收！"

朱德笑着说："你别想蒙我，这规定我怎么不晓得？是你刚刚想出来的吧？如果我没有记错的话，你老秦今年已经41岁了，是不是也不去参加挑粮？"

老秦被问住了，半晌才笑着说："军长，我不是想蒙你，实在是因为你太忙、太累了。全军的担子都压在你身上，已经够呛了，哪能再增加你的负担？再说，你年纪大了，山路坑坑洼洼的，很不好走，挑粮的事，我看你就算了吧。"

"那怎么行？"朱德摆了摆手，"我身体挺好，你不用替我担心。军事工作，我可以安排在早晚的时间去处理，误不了事的。挑粮上山是前委的决定，我这个当军长的，应该带头执行，决不该有任何特殊。当部队靠扁担挑粮吃的时候，我不能光坐着吃现成的；当战士们肩膀上压着扁担的时候，我哪能躲在一边去找清闲？官兵一致，本来就是咱们红军的光荣传统嘛，你说是不是？"

听完军长的话，老秦除了敬佩之外，再也想不出任何不让军长挑粮的"理由"了，只好说："那好，我们挑粮队接收你。不过有一条，你可不能多挑！"

清早，挑粮队出发了。朱德挑着两个大箩筐，走在战士们中间。不熟悉的人，根本分不出谁是军长谁是战士。路远难行，空手上下山都很吃力。朱德虽然年岁大了，可他从不比战士们挑得少，担子两头装了40多斤，再加上他佩带的一支德造三号驳壳枪和一条装有约百发子弹的皮子弹袋，负重快50斤了。

头两天，挑粮上山进行得挺顺利的。可是到了第三天，朱德准备出发时，却怎么也找不到自己的扁担。朱德问警卫员，警卫员们只说没看见，却不肯卖力找。朱德想：这些小鬼们不想让我去挑粮，跟我耍花招哩。

是啊，军长身先士卒，战士们打心眼里敬佩，但又心疼他，怕他累坏了。

于是通信员朱良才出了个"鬼点子"，把朱德的扁担藏了起来。朱德没多说什么，独自出了门，找到了军需处的范树德，说："你想办法再给我搞一根粗一点的扁担来，写上我的名字，不然这个挑，那个拿的，到我用的时候又找不见了。"

范树德当即到附近村里，用一个铜板从老百姓那里买了一根毛竹，回来削成两根扁担，一根送给朱德，另一根留着自用。他还用毛笔在朱德的扁担的一端写上"朱德扁担"，另一端写上"不准乱拿"。

朱德拿到扁担，看了看写在上面的字，特意冲几个警卫员高声说："谁要再'偷'我的扁担，我可要批评啦！"

就这样，第二天清晨，朱德魁梧健壮的身影又出现在挑粮队的行列里。他把一只手搭在扁担前端，另一只手拉着身后的箩绳，不紧不慢，从容迈步。在朱德的带领下，战士们挑粮的劲头更足了。

一位参与当年挑粮的老红军回忆说：从井冈山上到山下宁冈的茅坪，上下足有二三十公里路，山又高，路又陡，着实难走。运粮时，我们天一亮就出发，赶到装粮地点，有的用箩筐担，有的用口袋背；用具不够，有的同志索性脱下一条裤子，把裤腿扎紧，满满装上两裤腿，往肩上一搭。这样挑的挑、背的背，翻山过坳，直到天黑才回到山上。

1962 年，朱德来到井冈山黄洋界，参观黄洋界战斗旧址和当年挑粮走过的山路，与井冈山人民共同回忆那艰苦斗争的战争年代

为了纪念朱德身先士卒、艰苦奋斗的精神，有人专门编

了一首歌赞颂他："朱德挑谷上坳，粮食绝对可靠，大家齐心协力，粉碎敌人'围剿'。"

是总司令，又是普通一兵

　　1928年11月，朱德和毛泽东率领红军打下新城后，部队在新城附近短暂休整。数个月行军作战，红军指战员们的衣服脏了，袜子破了，头发长了。休整期间，朱德除了布置军事训练和政治学习外，还留出时间让大伙儿处理个人事务。

　　一天，数名战士来到新城南门的一家理发店理发。理发店的黄师傅很热情，一边给红军战士理发，一边跟大家聊天。说话间，朱德也来了，他见理发的人多，便悄悄排在几名战士后面。朱德的衣着和普通战士一样，所以没人注意到他。

　　过了一会儿，一名战士理完了，翻好衣服领子走出来，猛地看见朱德排在后面，便吃惊地叫起来："朱军长，你也来理发？"战士们一听，立刻站起来，争先恐后地说："军长，你先理！"黄师傅这才知道此人是朱德军长，连忙拿着白围布走过来，说："朱军长，我先给你理。"

　　朱德笑着摇了摇头，说："不，

1942年，朱德（左二）到金盆湾视察时，同战士们一起席地就餐

不，你先给他们理，干什么事都有先来后到嘛，我还是排在后面吧。"

抗日战争全面爆发后，朱德率军东渡黄河，开赴抗日前线。当时八路军的总司令部在西安东南的云阳镇，司令部里的人听说朱总司令要来上任，就派几名年轻干部去迎接。这几名干部一大早赶了 20 公里路，来到一条河的桥边等候，这里是朱德的必经之路。

几名干部虽久闻朱总司令的大名，却从没见过朱德。他们想，总司令一定骑着高头大马，威风凛凛。不一会儿，一支队伍出现在了桥上，所有人都是一个打扮：身穿灰军装，腰扎皮带，脚蹬草鞋。没有谁特别一点，更没有人骑大马。几名干部以为这是给朱德打前站的，于是连问都没问，继续等待后面的队伍。

朱德在延安和抗日军政大学的学员们一起打排球

可是他们等了半天，也没看见其他队伍。他们开始不安起来，是总司令没有走这条道，还是日期变了？于是，他们派了两个人回司令部汇报，其他人继续在桥头等着。这两个人赶回司令部，一进门就高声报告："我们到现在也没有看见总司令，是不是总司令改变路线了？"

"嘿嘿……哈哈……"

他俩的话还没说完，就惹得满堂大笑。

"我看见你们站在桥头，还以为你们赶路累了，在那儿休息呢。哪知道你们是迎接我的，让你们多走路了。"朱德笑着说。

两个汇报的人怎么也没想到，眼前的朴实老兵竟然就是八路军的总司令！

1940年的一天，时任八路军总司令的朱德带着几名警卫战士，跟着向导来到一片荒凉的南泥湾，打算勘察当地的自然条件。南泥湾的中心地带前不着村，后不着店，附近没有人烟。看着天将擦黑，朱德决定就在附近宿营。

众人费了好大劲才找到两孔破窑洞。这窑洞没门也没窗，与野外的山洞没什么区别。战士们正商量另寻他处，朱德却说："这里还可以嘛，不要再找了。"

走进窑洞后，朱德看了看，乐呵呵地说："不错，比战壕里强多了！"几名警卫战士和朱德一起找来树叶和茅草，在窑洞里搭起了简易地铺。大家干完活后，围坐在一起吃干粮。

几名警卫战士分配了站岗任务，其中一名姓朱的战士和朱德同住在一孔窑洞里。朱德睡在窑洞靠里的地铺上，小朱则睡在洞口的地铺上，这样小朱下半夜换岗时方便些。安顿好后，大家就睡下了。

换岗时间到了。警卫员小李轻声来到窑洞口，轻轻推了推洞口的"小朱"，说："该换岗了。"听"小朱"应了一声，小李便到自己的铺位上睡觉去了。

第二天清早，向导起床后见朱德站在窑洞前，以为他在想事情，没敢过去打招呼，便把其他人叫醒了。大家起床后，诧异地问朱德："首长怎么不睡觉啊？"

朱德微笑着反问："你们站岗放哨睡不睡觉啊？"战士们先是一愣，再往窑洞里一瞧，发现警卫员小朱还在里面睡得正香呢。这下大家全明白了，昨晚站了半夜岗的人竟然是总司令！原来，昨晚睡觉前，在小李不知情的情况下，朱德跟小朱调换了铺位。后来，跟小李换岗的其实是朱德。朱德没有埋怨，也没有解释，而是以普通一兵的身份站了半夜的岗。

前人栽树，后人乘凉

1936年春，红军长征来到西康境内的炉霍，总部决定在此作短期休整。由于严重缺粮，部队生活十分困难，很多指战员因长期吃不上蔬菜，患了雀蒙眼。雀蒙眼也就是夜盲症，一到晚上，眼睛就看不见，有人走着走着就往烂泥坑里跳，

还有人竟然把乌鸦看成了敌人的骑兵，错报了敌情。虽然朱德等首长想方设法用了一些偏方，但效果不理想。

在缺医少药的情况下，最有效的治疗方法就是多吃青菜。于是，解决部队的吃菜问题，成了当务之急。为此，朱德号召部队只要有条件，都要种菜；没有条件的，也要多挖野菜。

6月初的一天，警卫员买来菜籽，又从老乡那里借来一张木犁，朱德亲自套上骡子，在驻地

长征胜利结束后，朱德与关向应（右）、王震（左）在延安合影

墙外的一块空地上扶犁耕作了起来。有战士见总司令那么大年纪了还亲自扶犁耕地，心里过意不去，便要代他犁地，可是朱德说他对耕地、种菜在行，坚持把地犁完了。

第二天，朱德又叫警卫员借来了几把锄头，和大家一起把地整好，撒下菜籽，又用脚踩实，浇了头遍水，这才回去休息。此后，朱德每天都早起晚睡，查看菜地。小苗出土后，他又亲自浇水，细心管理。

朱德日理万机，为什么还要对种菜这样的"小事"亲力亲为？很多战士对此很不理解。朱德说："同志们得了夜盲症，主要是因为吃不到青菜，缺乏一种维生素，蔬菜里就含有这种东西。要治好这种病，就得多吃一些蔬菜。有了蔬菜，也能以菜代粮。要解决吃菜问题，就得自己种啊。干什么事，领导要带头，领导一带头，大家就会跟着做。"就这样，在朱德的带动下，部队掀起了种菜热潮。

半个月后，朱德种的菜冒芽出土了，齐刷刷的，绿油油的，鲜亮极了。不料，总部下达了命令，过几天部队就要开拔去甘孜了。这天傍晚，朱德对警卫员说："过几天，我们要出发到甘孜与红二、红六军团会合了，明天咱们把菜地施一些肥，浇一次透水。"警卫员听说部队要开拔，对朱德亲自种的菜地有些留恋和惋惜，嘴上答应着，行动上却磨磨蹭蹭，一边找水桶，一边小声嘟囔："总司令，我们把青菜拔点来吃吧！"朱德听后，马上阻止说："不，不能拔！菜苗还小，拔了太可惜了。"

第二天，这名警卫员又对朱德说："好容易种了点儿菜，马上又要出发，还是拔几棵尝尝吧！"朱德听后，和颜悦色地说："不能拔，我们吃不上，有啥子关系？我们走了，还有后续部队来这里，留给他们吃吧！"停了一会儿，又接着说："就是我们的部队不在这里驻扎，也可以留给老乡们吃嘛！"

警卫员听了，思想并没有全搞通，仍然站在一旁一动不动。朱德走上前去，轻轻地拍了拍他的肩膀，亲切、耐心地说："小同志啊，我们共产党人，做事要有前人种、后人收，前人栽树、后人乘凉的精神。咱们今天干革命，挨冻受饿，流血牺牲，为了什么？还不是为了给千百万人民以及我们的子孙后代谋幸福？这就是我们共产党人和一般人不一样的地方。我看你这个小脑瓜里还多少有点子不好的东西哩！走吧，先跟我去浇水。至于道理嘛，晚上躺下了再慢慢想。"

俗话说，话不说不明，理不讲不通。警卫员听朱德这么一说，心中豁然开朗，爽快地提起水桶，高高兴兴地向菜地跑去。

朱德这番感人肺腑的话传遍了部队，大家深受教育。出发时，大伙儿都自觉地把自己辛勤耕种的菜地移交给了后续部队。朱德种的菜地移交给了前来驻防的红三十一军某营，该营李教导员看着管理得很好的菜地，感慨道："我们接收后，一定要好好管理，像总司令那样，想部队所想，急全军所急。"

后来，后续部队的同志们也在驻地种起了菜，不仅解决了自己的困难，治疗了患有夜盲症的干部和战士，也帮助当地群众解决了生活上的困难。

6
军民鱼水情

1939 年春天，八路军第一一五师第六八七团驻扎在山西省潞安府以西 20 里的西大营休整。这天，朱德到部队做军事报告，傍晚外出散步时，看见一名战士正和老百姓争吵。

朱德走过去，问："同志，怎么和老乡吵起来了？"

"借个东西用用，他就是不借。"那名战士气呼呼地回答。

"同志，好好讲，不能和老乡吵架呀！"

那名战士打量了朱德一番，见他的衣着和普通战士没什么两样，以为他不过是个老八路，便没理睬他，继续和老乡赌气。

朱德严肃地说："向老百姓发脾气是不对的，我们是革命军人，和老百姓是鱼和水的关系……"

"你是谁呀？"本来就在气头上的战士有点儿不耐烦地说。

"我是朱德。"

说话间，一位团长跑了过来，向朱德行了个军礼："总司令怎么一个人出来散步呀？"

这时，那名战士吃惊地叫道："啊，您是总司令！"

第二天，吃完早饭，朱德问团长："昨天那个和老乡吵架的战士害怕了吧？"

抗日战争时期，朱德和儿童在一起

"是啊，昨天晚上他说了一夜的梦话，'我错了'呀，'我要受处分'呀，今天连早饭都没心思吃。"

"怎么不早告诉我？赶快把他找来，我和他谈谈，就什么事也没有了。"朱德没等团长把话说完，便催促道。

那名战士怀着不安的心情来了，他在朱德的门外犹豫了很久，才硬着头皮进去。他以为朱德会发脾气，给他处分。朱德却亲自给他倒了一杯水，还请他坐在自己身边。那名战士惭愧地说："总司令，我错了，今后一定改，处分我吧。"

朱德笑了，和蔼地说："知错就改，这就是好同志，今后可不能对老乡耍态度。记住，我们的一切都是人民给的，有事情要和群众商量着办，不能强求……"

朱德和风细雨地讲了许多道理，那名战士深受教育，明白了军民鱼水情深的道理，同时也卸下了心理负担。

当时，八路军总部驻在太行山西麓的武乡县王家峪。由于粮食不足，部队只好采食驻地的榆树皮和榆树叶。朱德发现采得太厉害了，便对司务长说："老乡们的生活也很苦，我们采光了榆树，老乡们吃什么？"司务长听后，带着战士们去找野菜，把榆树叶留给了乡亲们。

1939年麦收时节，一队八路军在一个村子边行进，骑着马走在前面的是个营长。一位大娘背着一大捆麦子，艰难地从对面走来，与营长擦身而过，那营长仍然骑在马上往前走。

正好路过的朱德看到这一幕后，粗重的眉毛拧到了一起。朱德摇了摇头，快步上前拦住了马，略带怒气地问骑马人："你担任什么职务？"

营长不认识面前的拦路人，只见他的灰军装洗得发白，头上的单帽是用棉帽改的，以为他就是个老战士，便毫不在意地说："我是营长。"

朱德又问："你现在的任务要紧吗？"

营长望着朱德庄重的表情，仿佛意识到了什么，连忙跳下马，说："不十分紧。"

朱德听后，用手指着老大娘说："那么，你让队伍在前头走，你拉着马到村

1939 年 11 月，朱德、康克清在山西武乡县和重庆战区妇女儿童考察团成员合影

里套个车，帮大娘把地里的麦捆都拉回家去。"

营长听了"老同志"的话，帮大娘把麦子拉回了家。事后，这位营长才知道拦路的"老同志"竟然是朱德总司令，于是紧张极了。

几天后，朱德亲自找这个营长谈话："你见老大娘背着麦捆是那么吃力，自己却骑着马不下来，是不对的，我们当干部的，只要有点空儿，有一份力量，就要尽量帮助群众。要特别注意自己的作风，事事要为群众树立一个好的榜样，决不能损害八路军在人民群众中的形象。"

营长听后连连点头，并响亮地保证："总司令，我今后一定要设法帮助群众，做一个受人民热爱的子弟兵。"

1939 年的一天，八路军总政治部的天星剧团到武乡县砖壁村演出。傍晚，剧团在村里临时搭起简易舞台，舞台前摆放了许多矮凳、圆木、砖石，等待朱德等首长前来观看演出。

天黑后，大家陆续入场，朱德也兴高采烈地来了。朱德环顾会场，发现坐在场内看戏的全是部队的干部、战士，没有一个老百姓。朱德不解地向值班岗哨询问，战士们说："我们是刚从前线回来的第三八六旅的战士，对村上的人不太熟悉，为了首长和大家的安全，就只让部队人员入场了。"

朱德马上找到民运科科长，耐心地说："毛主席常常教导我们，每到一地都要爱护群众，关心群众，和群众打成一片。咱们的总部设在这里，平时给老百姓添了很多麻烦，现在剧团来演出，却不让老百姓来看，你说合适吗？"

民运科科长一听，觉得这样做确实不利于军民团结，便遵照朱德的要求，很快把村里的人请过来一同看戏。朱德还亲自把十几位上了年纪的大爷、大娘安排在前几排，说："你们年岁大了，离台子近才能看好听好。"刚安排好老人，朱德又转身招呼抗日小学的老师们，让他们把儿童团的队伍也带到前面来。

一切安排妥当后，大家聚精会神地观看节目，朱德这才悄悄走到后面，和战士们坐在一起。

哪有当总司令的就不能拾粪的道理？

1940 年 5 月，朱德从前方回到延安，住在王家坪山坡下的一排石窑洞里。当年冬天，国民党政府不仅完全停发了八路军的薪饷、弹药和被服等，还调动几十万大军对陕甘宁边区和其他抗日根据地实行军事包围和经济封锁。

为了坚持抗战，党中央发动边区党政军民人人参加劳动生产，厉行节约。朱德和党中央、毛泽东一起，领导各抗日根据地的工作，指挥敌后游击战争。在繁重的工作中，朱德还挤出时间，亲自领导和参加生产运动。

跟随朱德从前方回延安的，共有四五十人，朱德要求大家积极参加生产，还说："不准到中央管理局领东西。缺什么东西，我们自己生产解决。"

朱德和身边的几个小特务员一起组成生产小组，在王家坪前面种了近3亩菜地，种上白菜、葱、蒜、韭菜、辣椒、西红柿等十几种作物。休息时，朱德就来挖地、浇水、施肥、锄草。特务员们年纪小，没有种过菜。朱德是种菜能手，便手把手教大家。不管是部队、机关，还是群众，都有不少人来信要求为朱总司令代耕，他都一一拒绝，并说："生产任务可以自己完成，生产虽然要花费劳动力，也是一件最快乐的事，这对整个革命，对自己的身体都有好处。按照生产计划，生产任务的完成是完全有保证的。"

当时在延安中央党校学习的学员们，每人都分了一小块地，他们除了完成学习任务之外，还要种好这块地。

要让地里长出果实，最费心思的就是积肥。党校挨着中央机关和军委机关，单位很多，人员很集中，有一点肥大家"抢"着要，动作要是慢了点，就叫人家抢去了。因此，有的学员天刚蒙蒙亮就起来拾粪。

1942年开春后的一天清晨，几个学员起了个大早到延河一带拾粪。那天天气格外冷，大家都冻得麻木了，手里的铲子不听使唤，一堆粪常常要来回铲好几下。正当大家拾得起劲时，曙光里出现了一高一矮两个人，他们也干着同样的活计。

"你们是哪一个支部的？怎么腿这么长，跑到我们前面去了？"一个学员开玩笑地问，他以为那两个人也是党校的学员呢。

"我的腿是长一点，个子大，腿当然就长嘛，但总比不上你们年轻人眼尖、手灵、脚快呀，你们是全面的优势噢！"好熟悉的四川口音。

"啊，总司令，是前几天刚给我们讲课的朱总司令。"一个学员眼尖，认出了朱德。

来人果然是朱德和他的警卫员。学员们跑步迎了上去，向朱德问好。

"你们比我更早嘛，看你们都拾了半筐了，我才拾了一点点。"朱德微笑着说。

一名学员伸手去夺朱德的粪筐，想往里面拨点粪。"使不得使不得，那我不成了'剥削户'了？我当总司令的剥削战士的肥料，这多难听。"朱德说完，大笑起来。

见总司令那么大年纪了还同大家一样拾粪，学员们过意不去。其中一名学员说："总司令，您事情那么多，大事情都操劳不完，就不要来拾粪了。什么时候需要肥料，只要通知我们一声，我们就给您送去，或者让警卫员到我们这来挑，都行。"

1943 年 11 月 26 日，朱德在陕甘宁边区劳动英雄及模范工作者代表大会上讲话

朱德严肃地说："那怎么行？哪有当总司令的就不能拾粪的道理？我们大家都是农民出身，这些活在家时都是干过的嘛。这些年忙于行军打仗，好久没生产了。现在国民党逼着我们搞生产，我们就要上下一起来干，同心协力克服困难。再说，我这也是积肥、锻炼相结合，一举两得嘛！"

朱德有着丰富的农业知识，加上勤劳细心，所以他种的菜质量好、产量高，品种又多，在当地很有名。朱德经常同前来参观菜园的人交流种菜经验，向大家推荐蔬菜新品种，用自己种的菜招待大家。1943 年底，在延安召开的陕甘宁边区劳动英雄大会，展出了朱德亲手种出的一个大冬瓜。大家看后都很感动，有个干部还当场写了一首诗："工余种菜又栽花，统帅勤劳天下夸，愿把此风扬四海，逢人先说大冬瓜。"

8

战友情深

在共和国元帅中，朱德和彭德怀分别排在第一位和第二位。两人相识于1928

年底，在几十年艰苦卓绝的革命生涯中，他们结下了终生不渝的战友情谊。

朱德是一位老农式的人物，平易近人，和蔼可亲，身边的工作人员无论犯了什么错，他都从不虎下脸来训人，更不会骂娘。不过，大家都很服朱德，说他是"响鼓不用重锤"，同样有震天的威力。

彭德怀则严厉耿直，疾恶如仇，脾气是响鼓响锤，咚咚震天。不管对什么人，他都敢动火，常常搞得人下不来台。两个性格迥异的人，却成了志同道合、心气相通的生死战友。

抗日战争期间，八路军转战太行山时，经常吃黑豆和高粱米混合饭，彭德怀肠胃不好，常常犯病，有时疼痛难忍。朱德非常焦急，心里总是挂念这事。有一次，警卫员外出执行任务，给朱德打来一点野味。朱德很高兴，立即叫人熬成汤后送到彭德怀那里。还有一次，有人给朱德送了一包红茶，朱德原封不动地送给彭德怀，说："别老喝那些树叶子啦，给你一包真茶叶，换换口味。"

不管多忙，只要听说彭德怀患病，朱德便立刻叫上医生一起去看他。有一回，医生说喝点白糖水能缓解疼痛，朱德便马上将自己在敌占区买的一小包白糖拿来，彭德怀很感动。

1952年夏，彭德怀从朝鲜战场回到北京汇报战况，讨论军事部署。彭德怀下车后，来不及休息就带着一身硝尘走进中南海毛泽东住处。汇报结束时，天都快亮了。

"回去洗个澡。"彭德怀很疲惫，想洗个热水澡解解乏。

"换洗的衣服没带回来。"警卫员有些不安。

"我说洗澡，没说换衣服嘛。"彭德怀说。

立在台阶上的朱德笑了，他太了解彭德怀了，一张行军床，一身布军装，两件换洗的内衣裤，再无其他。换洗的内衣裤都带去朝鲜了，难怪警卫员犯愁。

彭德怀洗完澡，正准备穿上原先的脏衣服，就听警卫员报告说朱总司令来了。

注重军容风纪的彭德怀，不把朱德当外人，于是边穿衣服边走出浴室。彭德

1952 年，朱德和从朝鲜前线回国的彭德怀在北京香山

怀问朱德："什么事啊？这么晚了还特地来一趟！"

只见朱德递过来一套洗得干干净净的衣服，慢条斯理地说："我的，可能不合身，凑合穿吧。"

彭德怀接过衣服，什么话也没说，但是，两手托住衣服时停顿了一下，目光也在朱德的脸上停顿了一下。彭德怀换上散发着清新气味的衣服，系上最后一颗纽扣时，头也不抬地说："还行。"

一句再普通不过的话，饱含着战友间的深情。

朱德和彭德怀都爱下棋，他们在太行山时的戎马之余，少不了厮杀一番。两人性格不同，下棋的风格也不一样。朱德吃对方棋子时，先用自己的棋子将对方的棋子扫开，然后把对方的棋子拣出棋盘，像展览战利品一样一溜儿排开。彭德怀吃对方棋子时，和他的脾气一样吓人。"砰"的一声，把自己的棋子砸在对方的棋子上，然后从下面把对方的棋子抠出来，丢在一边。被他吃掉的棋子四散开来，一片狼藉。

抗美援朝胜利后，彭德怀回到国内，朱德邀请他和其他一些老战友去十三陵

1953 年，朱德和彭德怀对弈，邓小平在一旁观战

水库游玩。朱德有个习惯，出门总要带上两样东西：猎枪和行军床。要是同行的有彭德怀，他还会带上小板凳和象棋。

这天天气很好，朱德和彭德怀在十三陵水库附近转了两圈，彭德怀搓着手说："很长时间不交手喽，不知你水平可有提高？"

"你刚刚胜利归来，我怕是挡不住你的锐气哟。"朱德谦虚地说。

"摆吗？"彭德怀停住了脚步。

于是，警卫员马上就地支起行军床，放下两个马扎。按照老习惯，彭德怀请朱德坐在红方一边，自己则在黑方一边落座。开局前，朱德不慌不忙地擦擦眼镜，然后架在鼻梁上，眼睛马上漾出一股锐气："动手吧！"

"红先黑后。"彭德怀说。

"今天分个输赢？"

"照三百回合杀吧！"

"砰"的一声，朱德走了个当头炮，意在主动进攻。彭德怀不跳马，随手也来了个当头炮，一副对着干的架势。和指挥打仗一样，两人都力争主动，喜欢搏杀。只要开了局，不管有没有人观战，他们都不再言语，只顾埋头弈棋，想方设法调动兵力，置对方于死地而后快。两人一时难分胜负，又都不肯善罢甘休。就这样，两人从上午鏖战到黄昏日落才收摊回家。告别时，朱德脸上虽笑容荡漾，嘴上却不饶人："下次决不手软，杀你三百盘，有你好果果吃。"

有一次，朱德和彭德怀在郊外下棋，邓小平在一旁观战。如果两人争执不下，邓小平常常会出来当裁判。对于邓小平的裁定，朱德一般是服气的，彭德怀却总要剜邓小平一眼，给自己找台阶下："小平同志，看你面上，让他！"

负责给中央领导同志拍照的摄影记者侯波一直跟着他们。侯波抓住一个好时机，端起相机，快速按下了快门，于是就有了文中朱德和彭德怀下棋的照片。

9
我要的是革命接班人，不要孝子贤孙

朱德有一个儿子和一个女儿，战争年代，两个孩子都没有和他一起生活。

朱德的儿子朱琦于1937年到延安，不久便遵照父亲的意见，到部队基层去工作。1943年，朱琦在战斗中

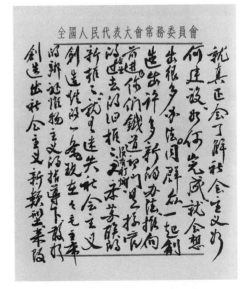

1965年，朱德给儿子朱琦的信

朱德和夫人康克清、女儿朱敏合影

右脚负伤，伤好后转到中国人民抗日军政大学行政部门工作。1947年4月，朱德到冀中军区检查工作时，特意问第十一军分区司令员杜文达："朱琦在你们这里，他最近表现怎么样？"

杜文达说："朱琦同志工作积极，学习也好，责任心也很强。"

朱德说："你不要光讲优点，难道他就没有缺点吗？"

杜文达想了想，说："缺点嘛，当然有。他有时生活上散漫一些，说话随便些。"

朱德深思了一会儿，严肃地说："朱琦生活上散漫，说话随便，这就是他认为自己是我朱德的儿子，有优越感嘛。这样发展下去，就会造成很不好的影响，是会脱离群众的。因此，我要求你对他要严格管教，不能搞特殊，要把他的优越感克服掉。你回去要找他谈，告诉他这是我朱德交代给你的任务。他是个共产党员，是为人民服务的，是人民的勤务员，而不是当官做老爷，更不准有耍威风、摆官架子等旧军队的作风。"

1948年秋，朱琦带着爱人到西柏坡看望父母。朱琦说，他们参加土地改革工作后，将转业到地方工作。朱德嘱咐说，转业到哪里，安排什么工作，要听从组织分配。无论做什么，都是革命的需要，都要干好，务求上进。

按照父亲的要求，在部队已是团级干部的朱琦先是当练习生，后来当火车司炉工和司机，真正从一名普通工人干起。朱琦严格要求自己，以至于许多和他一起工作多年的同志都不知道他是朱德的儿子。

1974年朱琦病故，有关部门考虑到朱德已88岁高龄，几个孙子、外孙都在外地工作，身边也该留一个，于是把在青岛海军当兵的一个小孙子调回了北京。

一天，小孙子回家看望爷爷奶奶。朱德问他："是出差，还是开会？"小孙子没敢说自己已调回北京，便说暂时到海军司令部帮忙。两个月后的一个星期天，小孙子又回家了，朱德问："你在海军司令部帮忙，帮了这么长时间，怎么还不走，是不是调到北京来了？"小孙子只好说了实话。朱德把海军首长请到家里，详细询问了小孙子调回北京的经过。朱德说："你们还是把他调到部队基层去锻炼吧，不要把他放在北京的大机关里。朱琦去世了，我有组织上照顾，用不着他们。我要的是革命接班人，不要孝子贤孙。"

在朱德的要求下，部队决定把他的小孙子调到南京海军某部。调令下来时，正是1975年农历腊月二十九，小孙子想过了春节再走。朱德说："不行！一个解放军战士，必须坚决服从命令听指挥，严格执行纪律。还是到部队去过春节吧，到那里和同志们在一起更有意思。"听了爷爷的话，小孙子第二天就出发报到去了。

1956年，朱德与康克清及女儿朱敏、外孙建建在一起

朱德的女儿朱敏小时候被送到苏联读书，苏联卫国战争期间，她被德国法西斯关进了少年集中营，吃了不少苦。

1953年，朱敏结束了在苏联的学习，返回祖国后被分配到北京师范大学当教师。回到家，朱敏亲昵地挽着父亲的胳膊，深情地说："爸爸，那么多年不在您的身边，我没有尽到女儿的责任。这次回来我就不离开您了，好好地侍奉您。"

朱德听罢，笑道："好女儿，我们国家现在非常需要建设人才，你是祖国和人民供养出来的大学生，你回来的主要任务是为国家建设做贡献，爸爸要革命事业的接班人，不要孝子贤孙。只要你好好工作，就是对爸爸最大的孝顺。爸爸这里你不要操心，把精力投入到工作中去。等你生下孩子，就搬到单位去住，一来便于工作，二来可以和群众打成一片，学到许多好的东西。"

朱敏当时已有身孕，但学校的新宿舍没有建起来，她生完孩子后在单身宿舍住了4年，才搬进学校给她分配的房子。朱德经常对她说："老百姓怎样生活，你就怎样生活。记住，你是一名普通的人民教师，人民没有赋予你特殊的权利！"

1965年，朱敏所在的学校组织师生到晋东南地区接受社会教育。刚开始，考虑到朱敏有高血压病，学校不同意她去。朱德却鼓励女儿参加，他说："你应该去，尤其是你从小在国外学习，不了解中国的农村，更应该去经受锻炼。"

后来，朱敏在晋东南农村生活了半年，其间，因一只眼睛受了伤得不到及时治疗被摘除了。朱德得知后，劝慰女儿说："你虽然丢了一只眼睛，但你了解了中国的农村，一只眼睛也一样干革命嘛。"

朱敏后来说："正因为当初爸爸没让我享受特殊的生活，让我和普通人一样生活和工作，才使我今天能拥有普通人幸福的生活和普通人那金子般的平常心。"

没关系，你的手不脏！

中华人民共和国成立后，朱德经常到各地体察民情。每到一处，朱德总是让汽车在远处停下来，然后步行走向群众，与群众进行深入的接触，了解他们的生产生活情况。遇到下雨天，朱德还要求驾驶员"开慢点"，免得把泥浆溅到老百姓身上。

一次，朱德到成都，在招待所下车后，服务员请他去休息，他却说："不忙，我先到园艺组去报个到。"来到园艺组，朱德同工人们一一握手问好，就像久别重逢的老朋友。朱德还常常系着围腰跟工人一起劳动，人们总是分不出谁是工人谁是首长。

在老家马鞍公社，朱德一见到小孩子就把他们拉到怀里，一见到老人就让

1958 年 9 月 20 日，朱德在新疆维吾尔自治区喀什农村了解棉花生长情况

他们坐在自己身边。在自家的院子里，朱德的腿上、背上爬的全是小孩，只要他人一到，院子里便马上人声鼎沸，笑语喧哗，谁主谁客，难分难辨，好个热闹景象。

1958年9月，朱德视察新疆时，曾下榻喀什宾馆和乌鲁木齐的延安宾馆。离开前，朱德走进厨房、水房、服务员室，和炊事员、烧水工、服务人员、保卫人员亲切握手，感谢大家的服务，鼓励他们要热爱本职工作。在乌拉乌苏农场，朱德到商店查看副食品供应情况时，和售货员一一握手。酱菜柜台的一个服务员满手沾着酱油、醋，正急于擦手，朱德一把握住了她的手，亲切地说："没关系，你的手不脏！"

一次，朱德在外地视察，乘车路过海边，见不远处的海滩上有3间草房，烟

朱德一向平易近人，早在延安时期他就被称为"孩子王"，孩子们不论大小，都称呼他"朱爹爹"

囱里冒着烟。朱德叫司机停车，下车后朝草房走去。

进了门，见一位老汉正在做饭，朱德乐呵呵地打招呼："老哥，看你这年纪，该有 80 岁了吧？"那老汉一时没认出朱德，见有工作人员跟随，知道来的不是普通人，便有些拘束地答道："对，对，81 岁了。"朱德听了，更亲热地说："咱俩都是 80 多岁的人了。看你这腰板还挺壮实哩！"

老汉见来者很和善，不觉也热情起来，一个劲儿地说："不中用啦，可要我光吃饭不干事也不中。年轻人说我老了，老了又怎么的？不能出海，还不能在家里做饭啦？"朱德越听越高兴，一边夸赞老人不服老的精神，一边和他拉起家常，问他家里的情况，又问生产队的收入，还问一年能打多少鱼，社员生活怎么样。

直到工作人员说天不早了，该回去了，朱德才和老人告别。老人把朱德送出门，看着他的背影，兴奋地说："这位老干部可真够和善的。"走在后面的工作人员轻声告诉老人："这就是我们的朱德委员长！"老人一听，又惊又喜，望着朱德远去的背影，连连自言自语："朱总司令！他就是朱总司令！"

朱德对他身边的工作人员，总是平等宽厚、关怀备至。曾做过朱德的保健医生的顾英奇回忆说："在近 10 年的接触中，我深深体会到总司令既没有官气，也不摆老资格，甚至年龄上的老资格也不摆。"

当时，虽然顾英奇只有 20 多岁，但 70 多岁的朱德一直称他"顾医生""顾大夫"。有一年，顾英奇因血清转氨酶偏高住进了医院，朱德和康克清专门来到医院探望他，安慰他好好养病，医生、护士和病友们都十分惊讶、感动。

朱德到各处视察时，从不让组织群众列队迎接，拒绝接受特殊照顾。

1958 年 9 月，朱德视察克拉玛依油田时，矿务局组织群众列队迎接。朱德批评说："你们组织大家欢迎我，这一方面耽误了工作，同时又违反了中央的规定，希望今后不要这样做。"

1963 年，朱德到四川乐山地区视察工作，途中经过峨眉山时，不少人劝他到万年寺看看。当地群众听说朱委员长要上山，特意给他准备了一套滑竿。朱德坚决不坐，他说，共产党员是不应该坐滑竿的，更不能坐着它爬山，如果那样就失去了爬山的意义。

有人劝道："您已是近 80 岁的老人了，又不常来，偶尔坐一次不算过分。"朱德却说："不，偶尔坐一次也是错误的。"就这样，朱德没有坐滑竿，而是沿着陡峭崎岖的山间小路，一步一步攀登到万年寺。在山上短暂休息后，朱德又坚持步行下山。

交最后一笔党费

1976 年 7 月 6 日下午 3 时 01 分，朱德的心脏永远停止了跳动，享年 90 岁。

朱德一生自奉节俭、自供清淡，临终前积攒下了近两万元存款。

1955 年，中国人民解放军实行军衔制，朱德位居共和国第一元帅，但他却坚决不要元帅工资。从 1955 年至去世的 21 年间，朱德从未领过元帅的工资。朱德逝世后，大家才知道这件事。那么，有限的工资，如何应付全家那么多口人的吃饭问题呢？

总的说来，朱德的办法是计划开支，降低生活标准，缩衣节食，省吃俭用。朱德的女儿朱敏是这么说的："这来之不易的积蓄是爸爸用近似'虐待'自己的方式才换取而来的。"

朱德曾有一笔巨款存放在德国。

美国著名女作家史沫特莱在抗日战争期间曾采访过朱德。回国后，她怀着对朱德的敬爱之情，写下了《伟大的道路——朱德的生平和时代》一书。

史沫特莱于 1950 年去世前曾留下遗嘱，要将稿费转交给朱德。国外有关机构将这笔稿费交给了中国驻德国大使馆。朱德知道这件事情后，怀着对史沫特莱深深的敬意，遵嘱亲自将她的一半骨灰安葬在北京，并在墓碑上题了字。此后，朱德没有再提及稿费一事。

1958 年 2 月，中国驻德意志民主共和国大使馆请示：朱德副主席在我馆存稿费（系史沫特莱遗留）95008.30 马克，已有两年之久，此款如何处理？朱德提笔批示：买自然冶金科学新书、化学新书寄回。

就这样，朱德用这笔稿费为正在建设中的国家购进了大量国外最新科技书籍，并全部分给各大图书馆和有关科研单位，余下的钱全部交公，自己分文不留。

中华人民共和国成立后，朱德多次出国访问，多次接见外宾和国际友人。他对外宾、国际友人赠送给他的礼品，一概看作是送给中国人民的，有必要接受的都当即交公。

临终前，朱德对身边的工作人员讲："我有两万元的存款，这笔钱不要分给孩子们，不要动用。告诉康克清，把它交给组织，作为我的党费。"朱德逝世后，康克清遵照他的嘱托，把这笔存款如数交给了党组织，完成了丈夫的遗愿。

朱德省吃俭用 20 多年积攒下的那张两万元的存款单，现在陈列在中国人民革命军事博物馆。朱德虽然没有给后人留下什么物质财富，但

抗战期间，朱德、康克清与美国进步记者、作家史沫特莱在延安机场

是，他把宝贵的革命传统、高尚的无产阶级品质留给了后代。

朱德的曾外孙女刘清芸是朱家的第四代，朱德的教导她依然牢记心中："我从来没有见过我老爷爷（朱德），但是我能从我奶奶身上，从我的叔叔伯伯姑姑身上，感受到我老爷爷身上的品质，我希望未来用我自己全部的力量，来传承好……"

遵照朱德的遗嘱，康克清将他的存款2万元
全部上交党组织，作为最后一笔党费。这是
1976年朱德的存款清单

任弼时

的

故事

任弼时（1904年4月30日—1950年10月27日），伟大的马克思主义者，杰出的无产阶级革命家、政治家和组织家，中国共产党和中国人民解放军的卓越领导人，是以毛泽东同志为核心的党的第一代中央领导集体的重要成员。任弼时同志作为新民主主义革命时期党的主要领导人之一，参与了党的一系列重大决策的制定和实施。在大革命的紧急关头，他坚决反对党内的右倾错误。到中央苏区和湘赣革命根据地后，他与毛泽东等同志一起，积极探索农村包围城市、武装夺取政权的革命道路。他与贺龙等同志共同创建湘鄂川黔革命根据地，成功策应中央红军战略转移。在长征途中，他与张国焘分裂主义进行坚决斗争，维护了党中央的正确领导和红军的团结。抗日战争初期，他受党中央的委托，前往共产国际汇报中国革命的实际情况，阐明中国共产党关于抗日民族统一战线的正确路线，对克服王明右倾错误发挥了重要作用。延安时期起，任弼时同志参加中央书记处工作，成为毛泽东同志的得力助手，做出了突出贡献。任弼时为党和人民事业奉献了自己全部心血。他以坚强的革命意志、高尚的思想品格、真挚的为民情怀，诠释了一位模范共产党员的崇高风范，铸就了一座不朽的精神丰碑。

万里苏俄之旅

　　从 1915 年秋开始，任弼时在湖南长沙学习了 5 年。特别是在长沙长郡中学学习期间，任弼时开始阅读毛泽东主编的《湘江评论》和陈独秀主编的《新青年》等杂志，接触到了马克思主义思想。不久，毛泽东发起的新民学会成立了俄罗斯研究会，研究会组织讲演，介绍十月革命后苏俄人民的新生活。"走俄国人的路"一时成为许多进步中国人的强烈愿望。

　　1920 年暑假期间，任弼时和同班同学萧劲光留在长沙，一边参加俄罗斯研究会组织的活动，一边寻找中学毕业后的出路。不久，经新民学会推荐，任弼时和萧劲光奔赴上海，到上海的共产党早期组织创办的外国语学社学习俄语。正当任弼时和萧劲光在外国语学社开始崭新的学习生活，当上海社会主义青年团吸收任弼时等人为第一批团员时，长郡中学校方宣布将任弼时和萧劲光除名。

　　1921 年 5 月，半年的学习生活结束了，上海的共产党早期组织分批选送学员赴苏俄留学。当任弼时把赴苏留学的消息告诉父母时，作为一名爱国正直的乡村教师的父亲，虽然无法理解和想象崭新的革命生活，但他并没有阻拦儿子，只是来信劝导"谋事上海"，从长计议。因为在当时的国人眼里，上海是一个了不起的地方，能在那里读书或工作，是有出息的象征。

　　任弼时收到家书时，出国行期已近，他一连数日寝食难安。任弼时理解父亲的心情，但他知道不能因为儿女情长，动摇了革命的决心；他知道自己有责任分担父亲的家庭重负，但青年一代更应为改造不合理的社会制度而奋斗。

　　于是，任弼时在回信中饱含深情地劝慰父母。寄出家书的当天下午，任弼时就登上了日本邮轮，踏上了奔赴苏俄的旅途。

邮轮途经日本长崎，继续北驶，最终抵达海参崴。当时，海参崴被日本占领，又流行鼠疫，所以大街上冷冷清清。虽然已是 5 月份，但海参崴仍然一片冰天雪地。

这些南方青年从来没有经历过这么冷的天气，没有足够御寒的衣服，十几个人冻得只得蜷缩在一家小旅馆里，不敢轻易出门。后来，他们好不容易才找到共产国际远东局的秘密联络点。共产国际的联络人员叮嘱他们：从海参崴到伯力之间，是红军和白匪的交界区，沿途日本占领者和白匪盘查得很紧，一旦暴露身份，就会有生命危险。只有到了红军管辖的伯力，安全才能有保障。

任弼时一行怀着忐忑的心情坐上了从海参崴开出的列车，继续赶路。不久，列车停了下来，前面就是伊曼河大桥了，他们即将进入赤白交界区。车上旅客必须全部下车，通过日本占领军的检查站。约定好在伯力的碰头地点后，为避免引起敌人的注意，任弼时一行 10 多人分成几个小组，拉开一段距离，和其他旅客一起排队通过检查站。

任弼时和萧劲光一前一后来到检查站，经过盘问，萧劲光被放行了，任弼时却被扣留了，因为他正在发烧，日本人怀疑他是鼠疫患者。任弼时一口咬定自己是到俄国谋生的理发匠。日本人搜查他的行李，果然发现了梳子、剪子和推子等理发用具。日本人再给任弼时测体温时，任弼时急中生智，悄悄将体温计的水银球露在腋窝外面，这才得以通过。可是经过这么一折腾，等任弼时通过伊曼河大桥时，萧劲光他们乘坐的列车已经开走了。

任弼时就像一只离群的孤雁，在异国他乡，既不认识路，身上又没有多少卢布，要是迷了路或者遇到白匪，那就危险了。但是，任弼时知道，只要沿着铁道往前走，准能走到前面的火车站并搭上火车。

两天后，当萧劲光等人在伯力为任弼时担忧时，任弼时却出现在了他们的面前。大家喜出望外，连忙问他是怎么来的，任弼时说了一路的经过，大家都称赞他镇定、机灵。

在伯力会合后，大家的食宿和旅行，都由红军的机关负责安排。任弼时从伯力乘火车西行，一路走走停停，行程 7000 余里，历时近两个月，于 1921 年 7 月 9 日抵达莫斯科。刚刚经历战争创伤的苏俄虽然非常困难，但对任弼时一行人还是很友好的，在生活上给予特殊照顾。在这里，任弼时等人深深感受到了在共产党的领导下，解放了的劳动人民强大的生命力和战斗力，他们深信中国的出路和希望就在于此，于是更加坚定了在苏俄学习的决心。

任弼时在莫斯科

任弼时与妻子陈琮英

陈琮英的姑姑于 1896 年嫁给了任弼时的父亲任裕道，不幸的是，第二年陈琮英的姑姑就病故了，夫妻二人没有生下孩子。但是因为两人感情很好，任、陈两家为代代交好，相约下一代再续姻亲。陈琮英不足两岁时，母亲因病去世，父亲又常年在外谋生，所以她只得随兄嫂生活。因为和任家的这层关系，儿时的陈琮英常小住任家，和任弼时可谓两小无猜。

1915 年夏，任弼时前往长沙求学，在长沙一家织袜作坊做工的陈琮英虽收入微薄，却常常接济任弼时。1920年，任弼时前往上海外国语学社学习，后来又准备赴苏留学。明知此行归期难料，但陈琮英还是无言地支持任弼时的选择。

1924年8月，完成在莫斯科近4年的学习生活后，任弼时回到上海。因革命工作繁重，无法脱身，任弼时连父亲病故都没能回籍奔丧，更没能前往看望陈琮英。1926年2月，五卅运动高潮已过，经组织批准，任弼时准备回家探视母亲并接陈琮英到上海完婚。

1926年3月，任弼时和陈琮英在上海结婚

动身那天，任弼时又临时接到通知，前往北京出席中共中央召开的特别会议。至3月11日，任弼时返回上海时，组织上已把陈琮英从长沙接来了。

陈琮英从小没读过书，算是"土包子"；任弼时喝过洋墨水，后又在上海大学当过"教授"，算是"洋包子"。两人的结合合适吗？任弼时还能保持当年对陈琮英的感情吗？

两人在上海举办了一场简朴的婚礼。从那以后，任弼时耐心辅导陈琮英学习文化知识，传授她工作经验，引导她走上革命道路；陈琮英则成了任弼时生活和工作上的得力助手、亲密战友。夫妻二人风雨同舟，相伴一生。

婚后，组织决定让陈琮英担任交通员。因此，任弼时起草好的文件和书信，常常由陈琮英送给中共领导人，或交付印刷厂排印。出门时，任弼时总要叮嘱："早去早回来，遇到有人盯梢，不要急着往家里跑，要想办法甩掉'尾巴'；万一有人盘问，就说是乡下人，什么也不知道！"

因为长期生活条件艰苦，工作强度大，所以任弼时的身子很弱，陈琮英总是无微不至地照顾他。在中央苏区时，陈琮英就曾变卖自己为数不多的几件像样的衣服，换些鸡蛋给任弼时补充营养。任弼时对陈琮英也很体贴，妻子外出归来时，只要有空，他就一定要亲自到门外迎接。

任弼时常对陈琮英说："我们是革命的夫妇，同是党的儿女，我们的爱情是融化在对党、对人民的热爱中的。"

1934年8月，任弼时率红六军团突围西征。当时，陈琮英刚生下儿子湘赣。为便于行军打仗，任弼时和陈琮英商量后，把孩子寄养在了老乡家。中华人民共和国成立后，他们去找过儿子，但一直没有找到。任弼时安慰陈琮英："不要难过了，为了新中国，我们失去了多少同志、多少亲人！"

1949年底，经党中央批准，任弼时准备前往苏联治病。尽管任弼时对苏联并不陌生，但是身体状况糟糕、归期难料，如能把妻子带在身边，不仅饮食起居有人照料，还多了个伴儿，这将是对任弼时最大的安慰。

然而，任弼时却主动提出：随行人员宜少，家属一个也不带，译员不必配备，卫士也不需要，只需带上一名医生即可。他说："我们的国家刚刚解放，带的人多了，就要给国家增加负担。"

在苏联治病、养病的半年多，每天除了吃饭、吃药外，任弼时只能遵医嘱躺在床上休息。所以，读写家信成为他念亲思亲、消解寂寞的唯一方式。

任弼时深深牵挂着妻子，在信中，他要求孩子们周末和假期回家陪妈妈，为她排解寂寞；他告诫调皮的小儿子"必须听妈妈的话，听了妈妈的话才不会生病"，"才会进步得更快"；他关心妻子的身体，询问她是否时常失眠；他记着妻子和孩子们的生日，琢磨着"当买点什么东西送给你们才是"……

任弼时和陈琮英虽然是"指腹为婚"的娃娃亲，但任弼时常对陈琮英说："琮英，这包办婚姻给了我最大的幸福，下辈子咱们还'包办'……"

1950年，患难与共的爱人、战友任弼时溘然长逝，陈琮英悲痛欲绝。陈琮英独自将4个孩子抚养成人，始终以"布衣"自处，自谦、热情、平实地过好每一天。回首与任弼时一起度过的岁月，陈琮英满怀深情地说："与弼时一生一世足矣，他是我亲爱的丈夫，也是我最好的朋友和敬爱的老师！"

我们共产党人是用特殊材料制成的

1929年8月，原中共江苏省军委负责人彭湃等人被敌人秘密杀害于上海龙华。紧接着，共青团江苏省委机关也遭到破坏。11月17日，共青团江苏省委决定在新建立的秘密机关召开会议，迎接中共江苏省党代表大会。

团省委新的秘密机关设在上海公共租界华德路竞业里的一幢二层楼的石库门房子里，这里非常隐蔽。当天，时任中共江苏省委代理书记的任弼时，身上没带任何文件和材料，在竞业里周围观察了半天，没有发现什么异常，才轻轻地推开石库门。

谁知任弼时刚一进门，就有几个暗探从门后闪出，用手枪抵住他的后背，不容分说，将他戴上手铐，塞进汽车，押送到英帝国主义在汇山路的巡捕房拘留室。

拘留室是一个大统间，三面墙壁，一面铁栏杆，地下是阴湿的水泥地，"犯人"们横七竖八地躺在水泥地上。任弼时被推进铁栅门时，"犯人"中有个青年一直盯着他看。任弼时冷静沉着地环顾四周，然后跨过躺倒的人，朝那个青年走去。青年刚想打招呼，任弼时马上按住他的肩膀，朝他使了个眼色。青年立刻会意，让出一块地方，让任弼时坐在他身旁。

这位青年名叫周朴农，原为共青团浦东区委书记，曾向任弼时汇报过工作，被捕时是上海总工会青工部部长。如今，两人在敌人的拘留室里重逢，任弼时还不清楚周朴农被捕的原因，按照纪律，他不能贸然相认，免得招来更多麻烦。

渐渐地，任弼时从与周朴农的简单交谈中，得知他化名周阿康，身份是内山书店的职员，也是在竞业里被捕的。任弼时马上意识到他们应该是同案，他知道内山书店的老板是鲁迅先生的朋友——日本进步文化人士内山完造，便叮嘱周朴农："要注意隐蔽，我们要装作不认识，敌人虽然怀疑，但没有真凭实据，内山书店会出面保释你的。"任弼时的几句话，使周朴农明白了和敌人斗争的策略。

1930 年 11 月囚禁过任弼时的上海租界西牢外景

审问时，任弼时用的是化名彭德生，自称是从江西到上海来谋职的失业青年，因记错了门牌地址，被错捕了。敌人搜遍他的全身，也只找到一张电车"派司"（月票）。

敌人当然不愿相信，他们对任弼时和周朴农两次用刑，声称保障民主、保护人权的帝国主义者的手段比国民党反动派还要残忍，他们竟然施用了惨无人道的电刑。

任弼时被电击了两次，两个电极在他背上烙出两个拳头大小的印记，用手一按，冒着黑色血水。但是任弼时以顽强的意志，经受住了强烈的痛楚，始终不吐实情。周朴农回忆说："弼时同志在第一次受刑回到拘留室时，对我说：'朴农同志，我们共产党人是用特殊材料制成的，要经得住考验，随时准备用自己的生命去殉我们的事业。'弼时同志的谆谆教诲，给了我巨大的精神力量。"

在任弼时的鼓励下，周朴农虽历经严刑，却始终咬定自己是内山书店的职员。敌人去对质时，内山书店的主人也承认周朴农是自己的职员。敌人毫无所获，只得将任弼时、周朴农以"共产党嫌疑犯"的名义拘捕。

周恩来得到报告后，立即布置营救。根据中央军委特科的调查，任弼时被捕的原因弄清楚了：11 月 7 日那天，敌人在搜查上海反帝大同盟党团书记、华侨青年张永和时，从张的西服口袋里抄到一个竞业里的地址。于是，敌人马上前往搜捕，他们赶到竟业里，暗藏在门后，第一个上门的是周朴农，第二个便是任弼时……

经中共中央多方设法营救，租界当局在没有其他证据的情况下，以"危害国家安全"的罪名，判处任弼时和周朴农徒刑40天，关进提篮桥监狱的西牢。

12月25日，任弼时终于被营救出狱。这次入狱，虽惨遭酷刑，严重损害了任弼时的健康，但这丝毫不能动摇他的信仰。出狱12天后，任弼时就列席了中央政治局会议，开始了新的斗争。任弼时后背上的两块电击留下的深深烙印，既是帝国主义留在中国革命者身上的罪证，又是任弼时百折不挠、大无畏的革命斗争精神的最好见证。

4

党内的妈妈

干部、群众都乐于接近任弼时，说他和气、可亲、可敬，愿意同他谈问题，尤其敢于把自己的心里话、难言的苦衷，尽情地向他倾吐。也正因为如此，大家称任弼时为"我们党内的妈妈"。

在湘鄂川黔革命根据地时，任弼时经常到机要科和侦察分队的工作房询问工作情况，有时还与报务员们同坐一条板凳上聊天。当侦听到重要情报时，任弼时常会喊报务员们的绰号，并表扬两句。有时，报务员们又困又乏，忍不住打了个盹儿，任弼时只是在他们的肩膀上轻轻一拍，说："小鬼，以后注意！"

一次，一个名叫萧荣昌的报务员在机房里玩，见通信员的马枪立在床边，就拿起来摆弄，并举枪做瞄准状。谁知那枪是上了子弹的，"砰"的一声，惊呆了在场的人，幸好没伤着人。

在司令部跟前放枪，这还了得！萧荣昌吓得浑身发抖，害怕自己被送去保卫局审查。任弼时闻讯后把他叫了去，详细地询问情况后，说："小鬼，以后要注意呀！"就这么简单的一句话，没有责备，更没有秋后算账。

1938 年 3 月，任弼时到莫斯科接替王明任中共驻共产国际代表团负责人。任弼时到任后，在政治秘书师哲的协助下，严肃认真地处理了王明留下的诸多问题。

一天，师哲在清理文件时，发现了王明给予陈郁"最严重警告处分"的决定和陈郁的 8 次申诉，不过，陈郁的申诉并未得到回应。

任弼时知道后，十分气愤地说："这真是一件令人难以置信的事情！处理了一位中央政治局委员，自己回国去了，却没有任何交代，好像这个人在世界上根本就不存在似的！"任弼时仔细审查了对陈郁的处分决定，认为理由站不住脚，于是马上向共产国际汇报，并决定召陈郁到莫斯科了解情况。

陈郁走进中共代表团办公室时，任弼时赶忙走上前去，一把握住他的手，一脸抱歉地说："真是对不起，陈郁同志，关于你的情况，我们知道得太晚了。"陈郁闻言热泪盈眶，并向任弼时倾诉了自己八九年来的曲折遭遇。

任弼时安慰他："你的问题很快就能解决。现在国内形势与你出国时大不同了。我们党成熟了许多，根据地比过去大多了，军队也强大多了。"陈郁激动地要求马上回国参加战斗。任弼时说："由于报批复查需要一定的时间，请耐心地等一等，我一定负责督促共产国际干部处尽快解决。"

共产国际监察委员会研究了陈郁的全部材料，决定取消给他的处分，并恢复他的组织关系。1940 年 3 月，陈郁实

1939 年，任弼时在莫斯科

1940 年初，任弼时与周恩来等在莫斯科。前排左起：任弼时、陈琮英、周
恩来；后排左起：蔡畅、陈郁、杨之华、刘亚楼、孙维世、邓颖超

现了多年的愿望，终于回到祖国，来到了延安。此后的几十年里，每当回忆起
这件往事，陈郁都会潸然泪下道："怪不得很多同志都称赞弼时同志是'党内的
妈妈'，我认为，对于这个光荣称号，他是当之无愧的！"

1940 年 5 月间，任弼时和李富春乘车到真武洞视察七大会址，路经安塞县
侯家沟门时，将车子停在一所小学门前，下车走进学校。任弼时有一个习惯——
走到哪里就把调查研究搞到哪里。在同校长的谈话中，任弼时得知该校有位女教
师姓贾，是陕西韩城人。任弼时迫不及待地问："她的女儿是不是叫师秋朗？"

校长很惊讶："你怎么知道？"

任弼时说："先不谈这个，赶紧把她们请来。"

贾老师带着女儿来了。经过了解，任弼时断定她们就是师哲下落不明的妻
女，于是把她们带回了延安。见到失联 15 年的妻子和女儿，师哲异常激动。此
后，师哲一家三口对这件事念念不忘，是任弼时让他们全家得以团圆的。

其实，师哲从来没有请求组织帮助寻找妻女。任弼时也只是在一次与师哲的

聊天中，得知这一情况的，但他一直将此事记在心上，一有机会就帮着寻找。

抗战胜利后，中央决定派出干部团挺进东北。时任延安青年救国联合会宣传部部长的东北人褚志远是东北干部团的成员之一。临行前，褚志远向任弼时辞别。任弼时和蔼地询问了他的近况，关切地说："去东北的路程很远，相隔这些年，那里的情况你已经不甚了解，把孩子交给党中央和我，别带了。等到那里打开局面，站稳脚跟，中央再负责把孩子给你们送去。"

当时，褚志远的儿子不满两岁，带去东北确实有困难，但他又想，哪能给中央首长添麻烦呢！而且中央组织部对此已有安排，通知他带着小孩，组成东北干部团第十一中队家属队，化装挺进东北。

见褚志远不肯提其他困难，任弼时笑着说："咱们都是一无所有，我知道困难是很多的。好吧，我给你写个条，到中央办公厅找赖际发同志，让他批你一点钱。"任弼时细致入微的关心，让褚志远十分感动。

任弼时语重心长地叮嘱褚志远："你是东北干部，又是青年人，10 年没回家了。到家乡后，要和那里的群众打成一片，要戒骄戒躁，万不可有衣锦还乡、荣归故里的想法。我党在那里的威望很高，要为党多做工作。"

神枪手

在人们的印象中，任弼时是一位文质彬彬、温和谦厚的知识分子，很难与"神枪手"的形象联系起来。可事实上，任弼时的确是个神枪手。

1948 年 4 月 23 日，任弼时和周恩来率领中共中央机关部分工作人员到达滹沱河畔的河北省平山县西柏坡，和中央工委的刘少奇、朱德等人会合。从此，这个原本宁静的小山村成了中共中央所在地，也是中国人民解放战争的最后一个农村指挥所。

在西柏坡时，毛泽东与周恩来、任弼时住在紧挨着的几座院子里。周、任二人外出，都要从毛泽东的院门口经过。那时候，他们三人仅毛泽东一人配有警卫班。周、任外出时，都只有一两名警卫战士跟随。于是，毛泽东对他的警卫班讲："当恩来同志和弼时同志外出时，你们都要主动跟着去负责好他们的安全保卫工作。"

一天早饭后，任弼时领着全家去户外散步，他的卫士郭仁与邵长和跟在后面，郭仁身上还背着一支猎枪。一行人经过毛泽东的院门口时，毛泽东的警卫班班长武象廷也加入了他们的行列。

这是夏日里的一个晴天，万里无云，天气渐热。任弼时一行走到一片白杨树林里，大家正聊得高兴时，远处飞来一只花喜鹊，落在了他们附近的一棵白杨树上，吱吱喳喳地叫个不停。任弼时忽然来了兴致，打趣道："咱们把它请下来吧！"说着，从郭仁手中接过猎枪，举枪稍微瞄了一下，只听"叭"的一声，花喜鹊被"请下来"了。

任弼时的爱好非常广泛，他在繁忙的工作之余，喜欢摄影和打猎

一枪命中目标，任弼时兴趣盎然地对郭仁与邵长和说："干脆来个射击比赛吧！看看谁的枪法最准。"郭、邵二人表示同意。任弼时的大女儿也枪法了得，便也自告奋勇地参赛。

四人轮流射击。三轮击发完毕，成绩揭晓：任弼时和女儿都是三枪三中，郭仁三枪二中，邵长和三枪一中。任弼时还不尽兴，把在远处警戒的武象廷喊来，让他也打三枪试试。武象廷也不推辞，端起猎枪连击三发，结果全部命中目标。

任弼时和朱德在一起

任弼时微笑拊掌，满意地说："不错不错，还是主席身边的警卫战士技术过得硬啊！你的枪打得很好，如果再下一番功夫，就可以成为一名神枪手了！"

回去的路上，任弼时兴致勃勃地对武象廷说："以后你们警卫班出去练习打靶，别忘了把我也叫上！"

武象廷果真照办了。有一次，他带着警卫班去西山沟打靶，就叫上了任弼时。任弼时又提议比赛射击，战士们纷纷赞同。经过讨论，大家商定用美式卡宾枪，靶宽 40 厘米，距离 50 米，每人射击 3 次，卧射、坐射、立射各一次。

约半小时后，比赛结束，任弼时的成绩是 30 环，而警卫班战士最好的成绩也仅 28 环，当然最差也在 20 环以上。接着，众人又用驳壳枪继续比赛，每人打 6 发子弹，其中 3 发单射、3 发连射。任弼时再次打出了令人咋舌的成绩，枪枪 10 环，打得最好的警卫班战士平均成绩不到 7 环，表现最差的竟还有上靶不上环的。

见战士们面露羞愧之色，任弼时招呼大家围坐在一起，微笑着说："大家都坐下来，总结一下经验，看看问题都出在哪里。"接下来，任弼时俨然射击教官，耐心地与大家分享射击要领。此后，任弼时参加过好几次这样的训练，不少警卫战士在他的指点下，射击水平有了很大的进步。

朱德总司令也是一位神枪手。在西柏坡时，任弼时经常和朱德一起到滹沱河边散步，一起打野鸭。有一次，朱德和任弼时来到打靶场，提出要和成绩最好的射手比赛，规定用美式卡宾枪，距离 50 米，用 50 厘米的十环靶，每人 5 发子弹。如果都能打进 10 环的红圈，算特等；有 4 发打进 10 环红圈，有 1 发没有打进红圈，但不出5环的黑圈，算优等；有3发打进10环红圈，两发打在黑圈里的，算良。

朱德先打，5发子弹打了49环，成绩为优，堪称宝刀不老。接着是任弼时射击。他选好子弹，卧倒在工事里，翻了翻沙垫，试瞄了一下，然后上好子弹，屏住呼吸。"呼！呼！"两枪，只听报靶员大喊："两枪都是10环，但偏下了些，刚刚打到10环里边。"任弼时调整姿势，"砰"的一声，报靶员兴奋地喊："红圈中心！"后面两枪打完，总成绩也是"优"。

最后，事先选拔出来的警卫人员也完成了射击，这几位警卫的成绩比任弼时稍差一些，但也都是优和良。

当年的警卫阎长林回忆说："我们跟首长在一起打靶比赛，都感到这是很有意义的活动。通过这项活动，不但可以向首长们学习射击技术，提高我们的射击本领，更重要的是，能够学习他们那种团结友爱、平易近人的好作风、好品德。"

不做特殊党员

任弼时常说，在党内，任何个人都是普通的一员，都要服从组织，决不能做特殊党员。在长期的革命生涯中，任弼时言行一致，是遵守党的纪律的模范，从不允许自己有半点特殊。

任弼时的妻子陈琮英回忆说："在战争年代，弼时同志和广大战士在生活上没有区别，穿的是同样的衣服，吃的是一锅饭。为了照顾他的身体，给他另搞点吃的，他都不允许。"

公家如果发了东西，任弼时总要问是公家按制度发的，还是同志们特别要求的。如果是按制度发的，他就不说话了；如果是同志们特别要求的，他就说：凡事不能超过制度，我们一丝一毫不能特殊。

1933年，任弼时来到湘赣苏区担任省委书记。他工作十分繁重，经常通宵达旦地开会，研究、批阅文件，身体很虚弱。

为了给任弼时改善伙食，警卫员们商量，用分到的伙食零用钱买几个鸡蛋，准备早晨起来用开水冲给任弼时吃。当警卫员把鸡蛋送给任弼时吃时，他严肃地问："这鸡蛋哪里来的？"警卫员回答："买来的。"任弼时又问："买来的，哪来的钱？"警卫员只好如实地讲了事情的经过。

任弼时听后，诚恳地说："你们不能这样做，现在我们整个苏区都很苦，要苦大家一起苦。每人只有几分钱的菜金，你们把它节省下来给我买鸡蛋，你们吃什么呀？搞革命不能靠我一个人，要靠大家。你们把身体搞坏了，又怎么工作？以后不许给我搞特殊了。"

长征到达陕北后，任弼时（二排右二）与红二方面军部分干部合影

红六军团离开湘赣边区西征,一路上冲破了敌人的重重封锁线,打下黄平县以后,部队作短期休整。乘着这个空当,党小组组长小何通知召开党小组会议。西征一开始,任弼时就和司令部的一些警卫员、公务员、收发员们编在了一个党小组里。

会议前,大家考虑到任弼时连日工作太辛苦,就没有通知他。当大家从任弼时门前走过时,任弼时问收发员刘永珍:"小刘,你干什么去?"小刘如实说了。任弼时说:"开会为什么不通知我呀?"小刘说:"看到您工作忙就没有告诉您。"任弼时说:"那可不行,我应该去参加。"

于是,任弼时和小刘一起来到会场,并对小何说:"在党内,任何个人,不管他是军长、政委,都是普通的一员,都要服从组织,决不能做特殊党员。下次开会可一定要通知我啊!"

开会时,大家叫任弼时"任政委",任弼时马上说:"不要叫我这个职务,叫我任弼时同志,或者任胡子好啦。在革命队伍里,我们都是同志啊。"

在西柏坡时,有一天,傅钟向任弼时汇报工作后,任弼时留他在机关小食堂吃饭。其实,小食堂也没什么好菜,除了几个小菜之外,只多了一盘豆腐。傅钟见任弼时的孩子们在旁边,就招呼孩子们一同吃饭。任弼时坚决不同意,而是让孩子们回家吃。

任弼时常到北京景山散步,因为他身体弱,不能走远路,警卫员便建议从一个较近的小门进入。小门横着一根铁丝,上面挂着"游人止步"的牌子。任弼时拒绝了,并表示:这是园里的制度,我们不能破坏制度。如果需要这样做,也得先和人家商量,得到人家允许。

任弼时对自己要求严格,对亲属也很严格。他从未利用手中的权力为子女或亲属谋取半点私利,也不允许他们搞特殊化。任弼时经常询问妻子陈琮英菜金有没有超标,生活用品是不是按制度领的。

北平解放后,有一次,与任弼时阔别22年、长期生活在国统区的三妹任培辰和她的丈夫来探望他,见任弼时的家用很简单,餐桌上放的都是搪瓷碗和竹筒碗，而且都已破损。这让任培辰夫妇非常吃惊。临走时，任培辰希望任弼时给湖南省委写封信，为她的丈夫安排工作。任弼时的回答是："这虽然是件小事，但是为了私事给省委写信，影响不好。你们的工作，当地政府是会安排的。"

7 最怕多用公家的钱

无论是在革命战争年代，还是在和平建设时期，任弼时始终保持着艰苦奋斗的作风，在生活上严格要求自己，最怕多用公家的钱。

任弼时处处节俭，哪怕是一张纸、一支笔、一个信封，也从不浪费。早年曾在任弼时身边工作的刘宗舜回忆说，有一天晚上，他把我叫去，拿出一叠两面都用过的信封，要我把它翻过来糊好，以备再用。

任弼时对刘宗舜说："你想过没有，我们的革命根据地这么大，人员这么多，如果不注意节约，浪费起来是很大的。就拿这个信封来说吧，一般只用一次，我们不讲形式，不求好看，正面用了，背面再用，还把它翻转过来再用两次，一个信封就顶四个用，你说节约的潜力大不大？我们省委机关这样做了，就可以给下面做出一个好样子。"

全民族抗战初期，丁玲带着西北战

1948 年春，任弼时与家人在西柏坡

地服务团在前方工作时，常向时任八路军政治部主任的任弼时汇报工作。那时，国民政府只拨给八路军 3 个师的给养，八路军的生活非常艰苦，西北战地服务团在农村演出一次也才有两三块钱经费。

有一次，丁玲在演出费里报了几元钱的浮账，包括炭火费、钉子费等。任弼时问："你们不是有烤火费吗？为什么还领炭火费呢？"丁玲说："当然有，那是在老百姓家里办公用的，这炭火费是在露天舞台、后台用的，后台冷，演员化妆需要烤火。""你们演出，住室的炭火不就省下了嘛！钉子干什么用？"丁玲说："挂幕布。"任弼时说："钉子用过后不是可以拔下来带走吗？"

任弼时在延安任中共中央秘书长时，尽可能紧缩开支，减轻地方政府负担，中央纵队用的信封多是用旧报纸糊的，起草文电也常用废旧印刷品。任弼时总是告诫部下："边区政府也很困难，我们实在没有办法的东西，可以要一点；有些东西可要可不要，没有那东西也可以过日子！"

党中央从西柏坡迁到北平时，有关部门建议给书记处的同志每人做一套新衣服，好穿着参加入城阅兵式，但任弼时不同意："我们是穿着这身衣服打天下的，也能穿着这身衣服进北平。"

中华人民共和国成立后，生活条件比过去好多了，但任弼时身上穿的还是原来那几件打着补丁的衣服，一条背心是妻子陈琮英在延安时用一条毛围巾改的，被子是 1934 年长征路上缴获的，一条毯子是 1934 年红六军团突围时缴获的。任弼时对同志们说："你们不要以为现在进城了，应该阔气一些了，这样想就不对了，不能忘记目前我们国家和人民还有困难。什么东西也不准给我领。那些被褥和衣服补一补还可以用嘛！"

任弼时住的是一所旧房子，面临大街，很不安静。为了保证他的休息，有关部门给他选了一所比较适宜的房子，却被他拒绝了："那个房子住着一个机关，而我是一个人，怎么能一个人牵动一个机关呢？"

后来，组织上准备把那所旧房子修缮粉刷一下，任弼时说："能将就着住就不必整修，免得给组织上和同志们增加麻烦。"直到 1950 年 10 月逝世，任弼时一直住在那所房子里。

1949 年，斯大林送来几辆新小轿车，行政部门分给任弼时一辆。任弼时却对身边的公务人员说："不要去领，我那辆旧的还可以坐。"工作人员外出办事，经任弼时同意，才可以用配给他的那辆旧吉普车。任弼时反复叮嘱，最好把要办的事积在一起，集中办理，这样就可以减少用车次数，以免浪费汽油。

1949 年春，任弼时在他乘坐的汽车旁

任弼时的伙食也非常简单，每顿都是两菜一汤。有时炊事员给他做点好菜，他都会对炊事员说："今天的饭菜为什么比平时好呢？今后一定要注意，不能超过公家规定的伙食标准。"

有一次，任弼时发现炊事员老周把老菜帮子和不新鲜的菜扔了，于是弯腰捡了起来，对老周说："你看，这不是很好嘛，还可以吃。老周同志，我们不能忘记长征路上的艰苦生活呀！一定要注意节约，一粥一饭，当思来之不易。"

任弼时要求子女们做到人走灯灭，把节约下来的电用于国家建设。任弼时的孩子们很少穿新衣服，衣服破了，陈琮英就把大人穿过的旧衣服改成孩子穿的。为了节省生活费，任弼时还经常让孩子们到工作人员的食堂吃大灶伙食。

能坚持一百步，就不该走九十九步

任弼时在几十年的革命生涯里，总是不辞劳苦，兢兢业业，无怨无悔地投入到党和人民的各项事业中去。两次狱中受刑对任弼时的身体造成极大的伤害，加之日夜劳累，所以时常患病，被确诊患有高血压病、糖尿病、动脉血管硬化等。但任弼时总是以常人难以想象的意志力，克服疾病带来的痛苦，拼命工作。

延安时期，任弼时的各种慢性病开始发作，时常感到头晕、头痛，不能看东西。于是，党中央决定让任弼时休息，可任弼时并没有真正休息。他带病跟随毛泽东转战陕北，协助毛泽东做了许多工作。到西柏坡后，任弼时的身体更坏了，但他并没有因此而减轻工作，反而常常忘记自己重病在身，工作起来根本看不出是个病人。一些常和任弼时接触的同志说："他就是这样一个忘我的人，工作起来好像病都被赶走了。"

1949年春的一天，任弼时工作到凌晨3点，警卫员邵长和觉得他太辛苦了，于是叫上米大夫（斯大林派来的米尔尼科夫医生）一起劝他休息。任弼时一见他俩就问："你们俩都起来干什么？约会吗？"邵长和说："首长该休息了！"任弼时打了个哈欠说："现在，你们俩的任务是休息，我的任务是工作。咱们各不相扰。"米大夫说："你工作时间长了，我给你测量一下血压和脉搏，看有什么变化。"

检查的结果是：高压又升到220，加之心律不齐，有风吹一样的杂音，脉搏每分钟达110次。米大夫说："首长，你应该立即休息。"说完，给任弼时打针开药，并让邵长和收拾床铺让他躺下。任弼时却说："不会那么严重吧？我的病是常年老病了，已经习惯，有了抗病力。"

米大夫和邵长和坚持让他休息，任弼时说："没有关系，我们都是共产党员，肩负着革命的重担，能坚持一百步，就不该走九十九步。你们先睡吧，我还有两份急待处理的文件。"

米大夫和邵长和又劝他明天再看文件，任弼时说："同志，我们中华民族多少年多少代受着封建主义的束缚和帝国主义的奴役，在共产党的领导下，经过几十年艰苦的奋战，才赢得当前夺取全国胜利的好时机。全国革命的胜利就在眼前。我们不仅要迅速夺取全国胜利，还要建立一个新中国。有多少事情急需要办啊！你们想想，我能躺得住吗？"说着说着，任弼时激动起来，手一挥，握着拳说："我们的工作，只许往前赶，不许往后拖呀！"

到苏联治病返回北京后，中央决定让任弼时休息一段时间。可是，身体略有好转后，任弼时就要求参加工作，并于 1950 年 6 月 26 日给毛泽东和中央书记处写了一封信。信中说："最近几天，每日看电报、文件及报纸，总共在 4 小时左右，尚能支持得住，不感觉太疲倦。自然，初期不要过分疲劳，但做点工作如分管组织部和青委我想是可以的。请加考虑。"

毛泽东批示："同意弼时意见，试做工作，每日不超过 4 小时，主管组织部和青委。"

作为离开战斗岗位一年多的老战士，重返第一线时，任弼时觉得有许多事需要马上做。不久，任弼时便要求医生把工作时间增加到 5 小时，可是他一工作起来就忘记了休息，往往超过 8 小时。

晚上，任弼时在灯下查看地图。陈琼英劝他先休息，有事明天再干。任弼时说："明天有明天的事啊！"他完全忘了自己重病在身，心中只有一个信念：

任弼时在前往苏联的火车上

能走一百步，决不走九十九步。夜深了，他在地图上标下最后一个红圈后，随手把台历翻到新的一页——10 月 25 日……1950 年 10 月 27 日 12 时 36 分，为党、为革命战斗到最后一息的任弼时溘然长逝！

叶剑英元帅是这样评价任弼时的一生的："他是我们党的骆驼，中国人民的骆驼，担负着沉重的担子，走着漫长的、艰苦的道路，没有休息，没有享受，没有个人的任何计较。他是杰出的共产主义者，是我们党最好的党员，是我们的模范。"

邓小平
的
故事

邓小平（1904年8月22日—1997年2月19日），伟大的马克思主义者，伟大的无产阶级革命家、政治家、军事家、外交家，中国社会主义改革开放和现代化建设的总设计师，中国特色社会主义道路的开创者，邓小平理论的主要创立者，是以毛泽东同志为核心的中国共产党第一代中央领导集体的重要成员和党的第二代中央领导集体的核心。新民主主义革命时期，邓小平同志始终坚持正确路线，以充沛的革命热情，先后担任党和军队许多重要领导职务，为创建发展新型人民军队、赢得革命战争胜利做出了重要贡献。在社会主义革命和建设时期，邓小平同志为胜利完成社会主义革命、探索我国社会主义建设道路做出了杰出贡献。在改革开放新时期，邓小平同志领导党做出一系列重大决策，把改革开放和社会主义现代化建设一步一步推向前进，为开创中国特色社会主义做出了历史性贡献。邓小平同志留给我们的最重要的思想和政治遗产，就是他带领党和人民开创的中国特色社会主义，就是他创立的邓小平理论。邓小平同志最鲜明的思想和实践特点，就是从实际出发、从世界大势出发、从国情出发，始终坚持中国共产党一贯倡导的实事求是、群众路线、独立自主。邓小平同志对党和人民的贡献，是历史性的，也是世界性的。正是由于有邓小平同志的卓越领导，正是由于有邓小平同志大力倡导和全力推进的改革开放，中国特色社会主义才能欣欣向荣，中国人民才能过上小康生活，中华民族和中华人民共和国才能以新的姿态屹立于世界东方。

关心战士们的生活

1942 年春节前的一天清晨，时任八路军第一二九师政治委员兼中共中央北方局太行分局书记的邓小平，来到太行军区沙河独立营视察工作。

汇报完工作后，独立营政委王占国找来司务长，让他弄几个菜，好好招待招待师部首长。这下可愁坏了司务长，因为前几天日军刚刚发动春季"扫荡"，所到之处，烧杀抢掠，鸡犬不留；再加上连续两年大旱，地里没收成，根据地军民的生活极端困难。

偌大一个独立营竟然没有一点儿白面，仅有两袋小米、三石柿糠炒面和几筐干野菜。平时，战士们吃的是小米野菜汤，那汤稀得能照出人影来，大家美其名曰"照明汤"。师部首长大老远来的，总不能和战士们一起喝"照明汤"吧！

没办法，司务长和炊事员四处借粮，终于在老乡家借到仅有的一点儿白面，给师首长擀了点儿面条。那天中午，战士们仍然吃野菜，不过多了一锅小米粥，算是给大家打牙祭了。

邓小平到 3 个连队看望大家后，回到营部。当看到热腾腾的面条端上来时，邓小平立即皱起了眉头，脸上露出不悦的神色，严肃地说："同志呦，你让我搞特殊呦，要不得！要不得！快把这碗面送给三连那位重伤员吧。我自己去食堂吃饭。"

邓小平来到一连伙房时，饭已开过，小米粥也吃完了，炊事员正在铲锅巴。王占国便要带邓小平去二连吃饭，邓小平却风趣地说："不必了，小米加步枪是我们的革命传统。想当初，我们参加二万五千里长征时，还没有小米吃

全民族抗战时期，邓小平在八路军总部。右起：邓小平、萧克、彭雪枫、朱德、彭德怀

呢！今天，我就吃吃小米锅巴吧。"说着，邓小平拿起一块锅巴放进嘴里，有滋有味地嚼了起来，嘴里却"咯嘣、咯嘣"地响——小米里的沙子实在太多了！

邓小平吃完一块锅巴后，问王占国："平时战士们都吃这个吗？再没有别的东西了？"得到肯定的回答后，邓小平停顿了一会儿才说："我们不能让战士们天天都吃这种东西，长期这样下去，部队哪来的战斗力呢？一定要多想想办法，解决这个问题。"

邓小平又对司务长和炊事员说："你们搞后勤工作的，也要多想想办法。米里沙子太多了，这可要不得哟。我们是小米加步枪，可不是沙子加步枪哟！"说完，邓小平顺手拿起一个水瓢，对炊事员说："小鬼，你会淘米吗？我告诉你，淘米可有学问了。要这么淘，才能淘出米里的沙子。"邓小平一边说，一边熟练地教大家淘米。临走前，邓小平还再三叮嘱王占国要关心战士们的生活，并提了几条建议：一是要炊事班的同志把米淘干净，不要吃的全是沙子；二是要给每个战士准备一个针线包，衣服、裤子破了好自己随时补补，不要穿得破破烂烂的；三是要在战斗之余开荒生产，搞生产自救，从根本上解决吃饭穿衣问题。

自那以后，王占国一直牢记邓小平的话，处处关心战士们的生活。他在带领战士们打游击，与敌人作战之余，还在驻地的山坡上开荒100多亩，种上了粮食和蔬菜，并在沟里放养了两群羊，全营的生活很快有了较大的改善。

战士们的斗志越来越高，在反"扫荡"中接连打了几个大胜仗，军分区党委先后授予独立营"生产先锋"和"威震敌胆"两面锦旗。战士们每当看到这两面锦旗，或手里端起香喷喷的饭菜时，都会不由自主地想起邓小平。

邓小平登黄山

1979年7月11日，邓小平来到黄山。对邓小平来说，此行名义上是休假、游览，实际上是考察调研，启发思路，并检验一下自己的身体状况。

黄山地势险峻，难以攀登。女儿邓楠指着高耸入云的山峰，问："爸爸，黄山这样高这样险，明天我们能上去吗？"邓小平挥手说："气可鼓不可泄，明天我们一定要上去。"

当时黄山还没有索道和缆车，时任安徽省委第一书记的万里对邓小平说："明日上山，我们已经准备了滑竿。"邓小平当即说："不坐滑竿，我下了决心，要步行上去，和群众同走一条路。"上山之前，邓小平就与万里"约法三章"：不清场，不能妨碍群众游山；步行走上去；这次是利用休假时间登黄山，不对外报道。

12日清晨，邓小平身着白衬衫，脚穿圆口黑布鞋，手拄拐杖，沿着陡峭崎岖的山路一步步攀登而上。随行人员担心邓小平年纪大，体力不支，提议走慢些。邓小平风趣地说："我比你们有经验，长征时，不少人跑垮了，

75岁高龄的邓小平登上了黄山之巅，显示出他顽强的意志和坦荡的襟怀

我越走越有劲。"他还向大家传授了两条登山经验：一是把裤脚卷到膝盖上面，二是步子不要太快。

没走多远，邓小平就被游客们认出来了。人们争相与他打招呼，邓小平也频频向大家招手致意、问候。走了一段山路，邓小平回过头，发现身后跟着一大批游客，而走在他前面的游客却很少。于是，邓小平站在路旁，对身边的工作人员说："让后面的同志先走，我们让让道。"当游客们从身边走过时，邓小平还不时与大家握手、问候。

当时正是暑假期间，很多学生来黄山旅游。他们见到邓小平，都惊喜不已。有些学生大胆地走到邓小平面前，想要合影，邓小平点头同意，并提出"以百步云梯为背景"；有的人还掏出学生证或笔记本，请他老人家签名题字，邓小平一一满足了大家的要求。

邓小平不顾疲劳，登上了海拔1716米的玉屏楼。在玉屏楼，邓小平游黄山的消息早已传开了。玉屏楼广场上挤满了游客，大家一见邓小平走来，便情不自禁地欢呼。当晚，邓小平住在玉屏楼三楼东面的一间客房。

邓小平在房间落座后，问黄山管理局的同志："这么多的游客晚上住的、吃的都解决了吗？"管理局的负责同志回答说："都解决了。"过了一会儿，邓小平又让工作人员去了解清楚游客住的问题是如何解决的，这才安下心来。

13日上午，邓小平攀向天都峰。尽管邓小平再三叮嘱，保卫人员出于安全考虑，还是想悄悄控制一下上山游客的人数，结果被邓小平发觉了。他严肃地说："要让群众上山，不要搞得戒备森严。"

登山途中，随行医生提醒邓小平坐下休息会儿。邓小平笑着说："登山不能久留，坐下来就走不动了，这是我们红军长征爬雪山过草地时积累总结出的经验。"

邓小平发现3名佩戴复旦大学校徽的女大学生坐在山道上哭，便走上前去，关切地询问原因。当得知她们中有一人爬山时不慎扭伤了脚后，邓小平立即吩咐医务人员为她按摩伤处，并让随行人员为她们找来几把拐杖，还特意交代要帮她

1979 年 7 月，邓小平应复旦大学学生的热情要求，同她们一起合影留念

们安排好食宿。

过了鲫鱼背，邓小平一鼓作气登上了海拔 1840 米的光明顶。得知这儿有一个气象站后，邓小平又亲自慰问了常年坚守在高山上的气象站职工。气象站有一位女职工怀里抱着一个小男孩，邓小平走过去抱过孩子，亲了又亲，还关切地询问孩子母亲家里生活怎么样。

7 月 14 日，邓小平开始攀登雾海茫茫、险峻壮观的西海。山路陡峭，随行人员几次想搀扶邓小平，都被他微笑拒绝了。和年轻人一样，邓小平手扶台阶边的铁链，攀缘而上。

当时，香港长城影业公司外景队正在始信峰拍摄外景，他们看到邓小平后个个欣喜若狂。这时，其他游客也纷纷涌了过来，要和邓小平合影。负责警卫的同志考虑到此处山险、路窄，便婉言相劝，想疏散游客。邓小平连忙把警卫人员叫回来，让他们"多多提醒大家注意安全"。邓小平的妻子卓琳也对警卫人员说：

"让他们拍吧，他的照片世界各地都有，合个影有什么关系？"就这样，香港同胞、国内外游客高高兴兴地聚在邓小平周围，留下了珍贵的合影。

7月15日下午，邓小平来到黄山脚下的观瀑楼。4天里，他整整步行了38公里的山路！邓小平自豪而风趣地对大家说："黄山这一课，说明我是完全合格的。"后来，邓楠回忆说，爬完黄山以后，爸爸的腿肿了一个多月。最后下来，他认为自己合格了，可以为人民再做工作，所以他心情非常好。

3
工作不能由别人代劳

邓小平向来主张工作不能由别人代劳，要自己动脑，自己动手，埋头苦干。他的这种作风是在战争年代养成的，并一直保持到晚年。

邓小平在中央苏区任县委书记时，常常一个人、一匹马、一个警卫员兼马夫，轻车简从。女儿邓榕说："父亲这个人，最不讲排场，反对烦琐哲学。这种一人、一马、一警卫的习惯，他一直保持到抗战开始。在他就任更重要的职务后，他也是这样崇尚简朴。整个抗战期间和解放战争期间，他没有私人秘书。新中国成立后直到'文化大革命'开始前的17年中，他也只有一个秘书。对他来说，不在人多，重要的是效率要高。"

战争年代，邓小平一直坚持重大工作亲自动口、动手、动笔，而且说干就干、力求精练、讲求实效。梁必业将军回忆说：小平同志写东西快，大家形容他写东西是"倚马可待"。

有一次，朱瑞主任催邓小平写一个到连队的讲话材料，邓小平说："这个好办。"接着，邓小平很快找来一张纸、一支铅笔，没有桌子就在膝盖上写，很快就写好了。

淮海战役时，张生华差不多每天都在刘伯承、邓小平身边工作，对他们的工作作风最了解。张生华说，刘、邓是直接指挥作战，亲自处理重大问题，坚持当天的事当天办完。所有来往电报和各类情报材料，均送作战科，由参谋人员分类放好，由刘、邓来时阅读和处理，保证了工作的及时性和高效率。

邓小平亲自撰写的文件、电报数量是巨大的，仅上报中央的，每年就有几十份之多。作战科的人都说，邓政委写文电报告又多又快又好，对许多数据也记得非常准确。毛泽东曾说："看邓小平的报告好像吃冰糖葫芦。"这句话生动形象地体现了毛泽东对邓小平所写报告的喜爱。毛泽东经常在邓小平送来的报告中，批示"此报很好""内容极好""极可宝贵""非常好"之类的赞语。

邓小平不靠秘书写稿子，凡事亲力亲为的工作作风，不仅体现在军情如火如荼的战争年代，也体现在其领导全国人民进行社会主义现代化建设的过程中。

《邓小平文选》第三卷119篇文章中，有96篇是邓小平同外宾或国内有关

战争年代的邓小平（左一）正在写材料

负责人的即席谈话、讲话。这些即席谈话、讲话，包含了丰富的建设中国特色社会主义的理论，是当代中国的马克思主义。这些新观点、新思想，不可能出自秘书之笔，而是邓小平本人创造性思维的结晶。

邓小平的这种工作作风一直贯穿他的一生，身体好的时候这样，到了晚年身体欠佳的时候，仍然这样。邓小平始终坚持只要自己可以做的，尽量不让别人代劳。每次游泳或洗浴，邓小平都让工作人员把衣服放好后就不用管了。有时，工作人员认为邓小平年纪大了，穿衣服、穿袜子都挺费劲，就要上前帮忙，邓小平却坚决不让，坚持自己慢慢穿。这些细微的小事不仅体现了邓小平对生命和体能的积极态度，也透露出他对工作人员的爱护与尊重。

4

开短会，讲短话

邓小平崇尚不说空话、多干实事，主张"不开空话连篇的会，不发离题万里的议论"。对此，王平将军曾说："他很冷静，严肃认真，讲话不多，但简明扼要。他讲话句子短，好记录，而且观点明确，讲的都是有用的话。"

重庆刚解放时，有一次，邓小平召集西南局组织部有关同志开会，讨论组织部干部工作问题。在听取了组织部有关同志的汇报后，邓小平只用了三句话概括当前干部工作的任务："挂牌子，搭架子，摆摊子。"语言简洁生动，便于理解。

西南军政委员会第一次全体会议闭幕后，邓小平曾主持召开党组全体会议并作总结讲话。邓小平只脱稿讲了9分钟就宣布散会。中共中央组织部原部长陈野萍回忆："与会同志都出乎意料，又惊又喜，觉得他的讲话既总结了经验，提出了任务方针，还很有分量。"

20 世纪 50 年代，邓小平担任财政部部长。财政部原副部长戎子和回忆，有一次粮食紧张，粮食局召集会议讨论了六七天。邓小平得知会议还没开完，便对戎子和说："粮食这么紧，会开了这么长还没有结束，要饿死人的。你马上到会上去宣布，只说三句话，一没有饭吃，二怎么办，三赶快回去收粮，就散会。"

改革开放之初，百业待兴，但"文化大革命"遗留的开长会，讲空话、套话、长话的风气严重影响工作效率，引起人们的反感。陈云曾经气愤地说："开会不要开死人！"

1950 年 7 月，邓小平在西南军政委员会第一次全体会议上讲话

1980 年 2 月 29 日，邓小平在中共十一届五中全会第三次会议上，针对这种情况说："开会要开小会，开短会，不开无准备的会。会上讲短话，话不离题。议这个问题，你就对这个问题发表意见，赞成或反对，讲理由，扼要一点；没有话就把嘴巴一闭。不开空话连篇的会，不发离题万里的议论。即使开短会、集体办公，如果一件事情老是议过去议过来，那也不得了。总之，开会、讲话都要解决问题。"

1981 年 11 月 5 日，中共全国政协机关党组向邓小平报送了《关于政协第五届全国委员会第四次会议会务工作几个问题的请示报告》，并请他致开幕词。邓小平批示："不致开幕词，因为没有必要，无话可讲，但我可主持会议。"

1982 年 10 月 30 日，中共全国政协机关党组再次请邓小平出席全国政协五届五次会议并讲话，邓小平又批示："没有新的话要讲。闭幕时我出席，但不讲话。"

邓小平的女儿毛毛曾问父亲："长征的时候你都干了些什么工作？"邓小平的回答只有三个字："跟着走。"当孩子们问起他在太行山时期都做了些什么事

邓小平与女儿毛毛在一起

时，邓小平只回答了两个字："吃苦。"在评价刘邓大军的辉煌战史的时候，邓小平也只有两个字："合格。"

1973年2月，邓小平从江西下放地回到北京，毛泽东第一次召见他时，开口就问："你在江西这么多年做什么？"邓小平回答："等待。"加拿大总理特鲁多问邓小平三落三起终能重返政坛的秘诀是什么，他的回答还是两个字："忍耐。"

邓小平不仅要求开短会、讲短话，对整理出版自己的讲话，也要求尽量简化。1987年10月5日，中共中央文献研究室整理了邓小平在1950年所作的《在西南新闻工作会议上的报告》，准备作为《刘邓大军征战记新闻编》一书的代序言。邓小平看过后批示："可以，就是啰唆了些，最好删节一半。"

《邓小平文选》第三卷的内容丰富精深，全书共收录文章119篇，最短的不足百字，最长的是一篇南方谈话，也不过7500字，还是根据他在4个地区的讲话综合整理而成的。

在如何开会、讲话这个问题上，邓小平在1992年视察南方时做了很好的概括："现在有一个问题，就是形式主义太多。电视一打开，尽是会议。会议多，文章太长，讲话也太长，而且内容重复，新的语言并不很多。重复的话要讲，但要精简。形式主义也是官僚主义。要腾出时间来多办实事，多做少说。"他还说，"毛主席不开长会，文章短而精，讲话也很精练。周总理四届人大的报告，毛主席指定我负责起草，要求不得超过5000字，我完成了任务。5000字，不是也很管用吗？我建议抓一下这个问题。"

带头积极投身义务植树活动

1979 年，全国人大常委会将每年的 3 月 12 日定为我国的植树节。其实，义务植树成为公民必须履行的一项义务则始于 1981 年，是邓小平倡导了这场绿色革命。

1981 年夏天，四川、陕西等地遭受了罕见水灾，国家和人民生命财产遭受了重大损失。这场无情的水灾引发了邓小平深切的关注和深刻的思考。这年 9 月，他特地找到国务院副总理兼国家农委主任万里，心情沉重、神情严肃地说："最近发生的洪灾问题涉及林业，涉及木材的过量采伐。中国的林业要上去，不采取一些有力措施不行。"

邓小平进一步说："是否可以建议全国人民代表大会通过一项议案，规定凡是有劳动能力的中国公民，每人每年都种几株树，比如 3 至 5 株，包栽包活，多者受奖，无故不履行此项义务者受罚。国家在苗木方面给予支持。"

不久，五届全国人大四次会议讨论并一致同意了邓小平的这一倡议，审议通过了《关于开展全民义务植树运动的决议》，在法律上规定了每个适龄公民每年植树 3 至 5 株的义务。

邓小平是义务植树的倡导者，更是义务植树的积极实践者。虽然他远远超过了《决议》规定的 60 岁的义务植树年龄上限，但他仍率先垂范，以

1982 年 3 月 12 日，第一个全民义务植树节，邓小平带领家人和身边工作人员到京西玉泉山参加义务植树活动

身作则，带头积极投身义务植树活动。

1982 年 3 月 12 日，北京西山脚下来了一批批肩扛铁锹、手提水桶的义务植树者。上午 10 点左右，邓小平兴致勃勃地带领家人前去植树。植树节前两天，邓小平念念不忘作为一个公民应履行的植树造林义务，他对身边的工作人员说："植树节快到了，我们家今年每人至少要栽 3 棵树，要包种包活。"

邓小平和大家打过招呼后，径直走到植树点，举起铁锹便干了起来。他挥动铁锹，种下了一棵又一棵树。旁边的人劝邓小平休息一下，他却说："不累，不累。"还一再表示"要完成任务"。

邓小平围着新栽的树苗，嘱咐首都绿化委员会的负责同志："植树要选好的品种，要选那些长得快、能成材的。栽下后要有人管理，保证成活。"

1983 年 3 月 12 日，邓小平在北京十三陵水库同群众一起植树时，对周围的同志说："植树造林，绿化祖国，是建设社会主义，造福子孙后代的伟大事业，

1987 年 4 月 5 日，邓小平在天坛公园植树

要坚持 20 年，坚持 100 年，坚持 1000 年，要一代一代永远传下去。"

1987 年 4 月 5 日上午，邓小平带领家人来到天坛公园万寿双环亭东侧，一起挥锹栽下了这天义务植树的第一棵桧柏。劳动中，邓小平指着身旁的外孙女羊羊，诙谐地说："今天我带的这个人已经跟我种了 6 年树了。今天，我又增加了一个'部队'，羊羊的小弟弟。要让娃娃们从小养成种树、爱树的好习惯。"

北京的十三陵、天坛公园、龙潭湖、景山公园、亚运村……都留下了邓小平植树的足迹，留下了他辛勤的汗水和心血，留下了他种下的青松翠柏。

每逢植树季节，即便外出视察工作，邓小平也始终牢记植树一事，抽空履行植树的神圣义务。植树时节种下几株树，成了他雷打不动的固定日程安排。

1984 年 2 月，邓小平到厦门等经济特区视察工作。2 月 10 日上午，邓小平接见完最后一批客人，原定于临行前到厦门的山上植树。可天公不作美，一大早就阴雨连绵，相关领导建议取消植树活动。

邓小平却笑着摇摇头，说："下这么点小雨怕什么，上山吧。"约 10 点，邓小平和王震冒着霏霏细雨，来到厦门万石岩植物公园，走过湿漉漉的泥地，步入植树区，兴致勃勃地拿着铁锹干起来，在后山坡上栽下了 10 多株南国佳木——云南香樟。

临近中午，雨还在下，邓小平拄着铁锹直起身板，望望灰蒙蒙的天空，看看身边刚植好的树苗，高兴地说："这几棵树，这一下包活了。"

植完树，邓小平双脚还沾着泥巴就登上了北去的专列。回到北京后，适逢植树节，邓小平又不顾疲倦，同其他中央领导人一道赶往十三陵，参加植树造林义务劳动。

1991 年 3 月 4 日，年近九旬的邓小平挥毫为全国义务植树活动 10 周年题词："绿化祖国，造福万代。"1992 年初，邓小平来到改革开放的前沿深圳等地视察，抽空在深圳仙湖植物园种下了一株高山榕，为南国春色添了一抹浓浓的绿意。在有人介绍一棵树叫发财树时，邓小平高兴地说："让全国人民都种，让全国人民都发财。"

酷爱打桥牌

桥牌是邓小平广为人知的爱好之一。中华人民共和国成立之初，主政西南局的邓小平在重庆学会了打桥牌。从此，邓小平与桥牌结下了不解之缘，打桥牌成了他工作之余为数不多的娱乐活动之一。

邓小平牌技精湛，守得紧、攻得狠、叫得准、打得稳，每一步都特别认真，很讲技巧。围棋国手聂卫平经常被邀同邓小平打桥牌，他说："邓小平的桥牌水平是很高的，比我的牌技要好得多。做他的对手，想赢他，实在是很困难的，也可以说，你根本打不过他；做他的搭档时，我总是要尽量表现得'好一些'，也就是要想办法把胜负感调节得好一些。"

桥牌是一项能反映参与者品格、性格的竞技项目。在巧妙多变的牌局中，邓小平的个性也得到了淋漓尽致的展现。

邓小平打牌非常守时，总是按约定时间到场，从不耽误，也从不摆架子。牌友王大明回忆说："有的人说我们和小平同志打牌，一定得让着他，这是没有的事，那样就太没意思了。小平同志平等待人，这是我感受最深的。打牌的时候是很平等的。大家在一起，没有什么官大官小之分，也没有说我一定要听你的。打牌就是打牌，可以是对手，也可以是队友。如果和他打对家，我出错牌了，他会毫不客气地'指责'；他出错了，我也敢说他，你的牌出错了，如何打更好。我说的不一定对，但他不在乎，觉得你说得对会点点头，觉得你说得不对会反过来说你。所以和他打牌，我们没有什么压力，真是一种愉快的享受。"

邓小平打牌时话不多，虽然有时也开开玩笑，但把打牌和工作分得很清楚，打牌就是打牌，不谈工作，也不谈国事、家事。邓小平曾说："唯独打桥牌的时候，我才什么都不想，专注在牌上，头脑能充分地休息。"静中有动、动中有静的牌局，让邓小平从千头万绪的工作中暂时脱离出来，得到片刻惬意。

邓小平喜欢以牌会友，从同事到职业高手，结识了许多牌友。

1984 年，邓小平在北戴河休假，听说聂卫平在，便邀他过去打牌，而且指名要和他搭档。自此，聂卫平和邓小平成为牌友。邓小平打牌喜欢和高手打，他说："打桥牌要和高手打嘛，输了也有味道。"这充分体现了邓小平敢于竞争、勇于拼搏的性格。

世界著名女桥牌冠军，被誉为"桥牌皇后"的杨小燕，便是他最喜爱的搭档之一。1981 年，上海举办国际桥牌友好邀请赛，杨小燕任美国队总队长。在京期间，杨小燕提出希望能与邓小平打一次桥牌，以慰平生仰慕之情。邓小平欣然应允。

这天，大家牌兴很浓，一直打到很晚。杨小燕后来回忆说："在中国领导人中，数邓小平先生打牌最认真。我跟他一共打过 4 次牌。邓先生打牌思路清晰，牌风稳健，显示出充沛的精力和过人的智慧，这在近 80 岁的老人中，是十分令人吃惊的。邓先生牌品极好。和他打牌，你会觉得他像个祖父一样。"

到了晚年，邓小平把打桥牌当成自己向智力、体力挑战的一种手段。1986 年，邓小平会见外宾时说："我测验自己的身体靠两条。一条是能不能下海，另一条是能不能打桥牌。能打桥牌证明头脑还好，能下海证明体力还好。前不久香港传说我病了，股票就下跌。其实他们很容易知道我身体好不好。只要知道我在打桥牌，夏天还在游泳就行。"

邓小平不仅酷爱打桥牌，还是中

邓小平酷爱打桥牌。他思维敏捷，叫牌果断，攻守自如，堪称高手

国桥牌运动的推动者。在邓小平的支持和关注下，中国的桥牌运动重新开展起来。1980 年，中国桥牌协会成立，并加入世界桥牌联合会。自 1984 年起，中国桥牌协会举办的历届"运筹与健康杯"桥牌比赛，邓小平只要有空都会积极参加。为表彰邓小平为桥牌运动做出的努力，中国桥协聘请他任荣誉主席，世界桥联授予他"世界桥联荣誉金奖"和"主席最高荣誉奖"。

邓小平曾说过，桥牌如同音乐一样是一种世界语言，理应成为中国同世界各国人民之间相互交流、理解和友谊的桥梁。1997 年邓小平逝世后，世界桥牌联合会主席乔斯·达米亚尼在悼文中说："邓先生是著名的桥牌爱好者。桥牌界能拥有他这样的朋友，我们感到非常骄傲。"

喜欢在大自然里游泳

邓小平喜欢游泳，尤其喜欢在大海、大江中游泳，搏击大风大浪是他一生的追求。

1983 年 9 月，邓小平在大连视察期间，坚持天天游泳。9 月末的大连，海水已经很凉了。邓小平冒着微微寒风，健步来到棒棰岛海水浴场，做了几分钟热身活动后，便跃入大海。

这天，同邓小平一道畅游的是一些连队战士和工作人员，邓小平一边游一边与战士们亲切交谈。得知他们是闻名全国的驻军某部"先遣渡江英雄连"的战士时，邓小平特别开心地说："怪不得你们游得这么好，原来是水上蛟龙，今天与你们同游我很高兴，我要与你们比试比试。"说完，迅速向棒棰岛远方游去。邓小平不时变换泳姿尽情畅游，一会儿自由泳，一会儿蛙泳，一会儿又仰泳，体力强健，精力充沛，一点儿也不像近 80 岁的老人。

浴场上难见像邓小平这样的高龄游泳者，"船王"包玉刚曾想出资在邓家大院为邓小平建一座室内游泳池，免得他舟车劳顿，经受大江大海的风险。但邓小平崇尚自然，用那笔钱为警卫部队建造了一幢三层楼。邓小平说："我不喜欢室内游泳池，喜欢在大自然里游泳，自由度大一些，有一股气势。"

邓小平几乎每年夏季都会到北戴河畅游。邓林说："爸爸愿意顶着风、迎着浪钻进水里，勇往直前，游向大海的深处。爸爸非常珍惜每一次下海的机会。每年去北戴河，到达的当天，他就要下海；离去的那天他还要下海，天再冷，浪再大，他都舍不得放弃。"

有一次，值班室通报有雨，可邓小平依然坚持下海。尽管被雨点打得睁不开眼睛，他仍坚持游完全程。状态好的时候，邓小平每次至少要游一个半小时。游泳区深处有供人们中途休息的平台，邓小平从来都不去。

邓小平的外孙卓沨说："游泳的时候，我们小孩耐力不强，一开始不太跟得上他，他游得很远，转一圈怎么也得有个三四百米吧。后来我们过了耐力关，能够跟上的时候，都是和他在深水区会合，然后陪着他游一段。"

1984 年夏，邓小平、卓琳一家在海滨浴场

邓小平深情告别大海

在邓小平的影响下，全家人都养成了下海游泳中途不上岸、不晒太阳的习惯。每次游到预定结束时间，邓小平就和孩子们一起往回游，心满意足地和大家一起走上沙滩。

1992年夏，邓小平和家人最后一次去北戴河游泳。根据邓小平的身体状况，医疗小组不同意88岁高龄的他下海。邓小平坐在岸边看孩子们游泳，心里可痒痒了。每天早晨起来，邓小平都要问天气怎么样、风力多大、水温多高、海浪大不大……身旁的人知道邓小平的心思，就去请示北京医院吴蔚然院长，后来医生终于同意邓小平下海。

邓小平很高兴，护士委婉地说："今天下海咱们表现好一点儿，少游一会儿。明天就还能批准咱们再游，好吗？""好不容易下去一趟，我才不会呢！"这时的邓小平就像个任性的孩子。那一年，邓小平一共下海8次，每次大约45分钟。

后来，不能下海的几年里，邓小平常常坐在海边，静静地眺望大海，似乎在与大海作深情告别。1997年邓小平逝世后，他的骨灰被撒向大海，因为他说过"我百年以后是要归宿于大海的"。

超级足球迷

邓小平的子女曾说，父亲生平有三大爱好，一是足球，二是言菊朋的京戏，三是桥牌。

中华人民共和国成立初期，邓小平任西南军区政委，他与司令员贺龙是一对超级足球迷。老哥儿俩把刚成立不久的中国足球队请来与西南军区队比赛，一赛就是两场，邓小平和贺龙都是从头看到尾。

1952 年 7 月，邓小平调到中央工作后，经常到北京先农坛体育场观看足球比赛。当时足球比赛少，邓小平连教学比赛也不放过。他常常一个人出现在主席台上，一碟瓜子、一杯茶、一根烟，专心致志地看比赛。有一次，先农坛体育场没有比赛，运动员们都在屋里休息，忽听外边有人说小平同志来了。大家出门一看，只见邓小平戴着草帽，一个人坐在土场边兴致勃勃地看小孩踢球。

作为伟大的政治家，邓小平的一生有着"三落三起"的传奇经历。而他的两次复出，都在足球场发出了信号。

1973 年，经周恩来努力，邓小平回到北京。当尚未安排工作的邓小平出现在先农坛体育场的主席台上看足球时，人们便知道离他到中央任要职不远了。

1977 年，邓小平在全国人民的热切期待下再次复出。那年 7 月 30 日，邓小平意外地出现了在北京工人体育场的看台上。当时，北京正举办"长城杯"国际足球邀请赛。邓榕回忆，邓小平这次在公众面前出现是一次纯粹的球迷行为。"那天父亲带着我们去看球，本来是想悄悄坐在主席台末排的。"不料旁边看台的观众发现了他，并飞快地将这个好消息传播开来，全场一万多名观众起立并热烈鼓掌。邓小平只好走到主席台的前排，连连向观众们鼓掌致意。

1994 年美国世界杯足球赛时，邓小平已经 90 岁了。电视实况转播在深夜进行，邓小平让工作人员录下比赛，白天再看。邓林曾回忆说："他爱看世界杯足球赛或我国女排比赛的电视转播，而且观看时有如亲临现场一样紧张、激动；倘若中国队赢了，他就不仅自己高兴得鼓掌，而且还要家人一起喝彩。"如果要在如此高龄的老人中评出世界级球迷，邓小平是当之无愧的球迷大师。

估计很多球迷都不知道，第一支国外足球职业俱乐部来华访问，就是邓小平亲自拍板的。1964 年 5 月，邓小平和陈毅观看了巴西马杜雷拉队来华的比赛。当时中巴尚未建交，且对方要求收取我们从未听说过的"出场费"，不过，时任国务院副总理的邓小平亲自批准，开创了中国邀请高水平职业足球队的先例。

1981 年，西班牙世界杯预选赛，中国国家队在北京工人体育场迎战劲敌阿联酋队，邓小平在办公室通过广播收听了解比赛情况。中国队刚刚攻入第一球后，中央人民广播电台突然中断解说，插播了一条时事新闻。邓小平立刻让秘书给宣传部门打电话，要求在以后的比赛直播中不得插播新闻。1992 年 1 月份，中国国奥队参加奥运会预选赛，对阵科威特队。比赛当晚 7 点 59 分，胡志军打入一球，未等回放，电视上的滚动新闻开始了。当时中央电视台每晚 8 点必有滚动的政治新闻，雷打不动。亿万球迷急得要命，纷纷打来电话，请求不要打断实况。几天后，人们惊喜地发现可以从头到尾不受干扰地看比赛了。原来，邓小平委托办公室的同志给中央电视台打电话，指示今后不能中断足球直播。

邓小平关心中国足球的发展，提出了不少有益、中肯的建议。对于比赛成绩，邓小平分析说："这个看球呀，不一定进球多就是有水平，不进球也好看。我们虽然输了，但是咱们队员都努力了，都踢得不错，但是水平跟人家不是在一个阶梯上，踢得还是不错嘛！""心理状态不好，越怕输越输。""自己没有真本事，靠裁判帮一手，结果自己倒霉，不能进步。"邓小平经常要求运动员在重大国际比赛中一定"要打出风格，打出水平"。

1978 年 4 月 30 日，邓小平同国务院政策研究室负责人谈话，在谈到开辟新的行业的问题时，他指出足球也可以发展，也是一个行业。可以组织一些国际比赛，既可以满足人们的需要，又能增加收入。现在的全国足球职业联赛，与邓小平的创意指导是分不开的。

改革开放后，中国体育全面走向世界，成绩辉煌，可是中国足球运动的发展却十分缓慢，迟迟冲不出亚洲。对此，邓小平也很着急。1989 年 11 月，邓小平在观看足球赛电视转播时说："我生平最喜欢看足球，看了几十年了就是有股闷气不能出。"邓小平提出，"我们中国足球要搞上去，要从娃娃和少年抓起，要创办'足球特区'。"

作为一代伟人，作为超级足球迷，邓小平是多么渴望中国足球事业走出困境，走向世界啊！

1990 年，邓小平在家中观看足球比赛电视实况转播

不摆自己的功劳

　　对于自己为中国革命事业做出的巨大贡献，邓小平曾轻描淡写地说："我算不了什么，当然我总是做了点事情的，革命者还能不做事？"有一次，女儿毛毛好奇地问邓小平："长征的时候你都干了些什么工作？"邓小平用他一贯的简明方式回答道："跟着走！"其实，所有参加过二万五千里长征的人，心里都有说不完的关于长征的故事，可邓小平却只有这么3个简单的字。邓小平就是这样，从来不摆自己的功劳。

　　1977年7月，在决定恢复邓小平领导职务的党的十届三中全会上，邓小平表示："出来工作，可以有两种态度，一个是做官，一个是做点工作。我想，谁叫你当共产党人呢，既然当了，就不能够做官，不能够有私心杂念，不能够有别的选择。"邓小平这段感人肺腑的话，是他的真情告白。

　　改革开放取得举世瞩目的辉煌成就，引起了国内外的极大关注，与此同时，邓小平的功绩也得到了广泛的宣传。在这些舆论宣传面前，邓小平始终保持着清醒的认识，多次讲到不要突出自己，要讲集体的作用。

　　1986年9月2日，邓小平在接见美国记者迈克·华莱士时，这位记者问："到现在为止，还没有看到在中国的任何场合挂您的照片，这是为什么？"邓小平作了这样的答复："我们不提倡这个。个人是集体的一分子。任何事情都不是一个人做得出来的。"

　　1987年11月16日，邓小平在会见日本社会党委员长土井多贺子的谈话中说："我们党的十三大报告是集体创作，集中了几千人的智慧，有许多内容并不是我提出来的。当然，其中也有我的看法和意见，但大部分是集体的意见。1978年党的十一届三中全会以来的路线、方针和政策的制定，我是出了力的，但不只是我一个人。所以，不能把9年来的成绩都写到我个人的账上，可以写我是集体的一分子。过分夸大一个人的作用并不有利。"

邓小平一方面强调个人只是集体中的一分子，肯定集体领导的作用；另一方面，他又把个人的作用同群众智慧紧密地联系起来，肯定群众的作用。

邓小平在同子女孙儿们谈心、聊天时，从来不向他们摆自己的功劳，而是极为随和，与晚辈们开心地玩乐

1992年，党的十四大报告充分肯定了邓小平在创立建设有中国特色社会主义理论上的历史功绩。邓小平读了送审稿之后，说："改革开放中许许多多的东西，都是由群众在实践中提出来的。报告中讲我的功绩，一定要放在集体领导范围内，绝不是一个人的脑筋就可以钻出什么新东西来，是群众观点的智慧，集体的智慧。如农村搞家庭联产承包，这个发明权是农民的，我的功劳是把这些新事物概括起来，加以提倡。"

1988年9月，邓小平对捷克斯洛伐克总统胡萨克讲道："很多外国记者要来采访我，搞我的什么传，我都婉拒了。我认为，过分夸大个人作用是不对的。"

1989年9月，邓小平同几位中央负责同志谈话时也说："我多次拒绝外国人要我写自传。如果自传只讲功不讲过，本身就变成了歌功颂德，吹嘘自己，那有什么必要？至于一些同志回忆自己的历史，写一些东西，那很有益处。聂荣臻同志写的那一段亲自经历的事，很真实。有人也写了自己的错误，比如李维汉同志。但是有些自传还是宣传自己的多，这种事情值不得赞扬。对我的评价，不要过分夸张，不要分量太重。"这是他的肺腑之言。

邓小平历来反对无原则的歌功颂德，反对为自己树碑立传。他要求地方政府不要在他出生的故居搞什么陈列室，照原样子不动，让老百姓住进去。邓小平知道，搞陈列室无非是宣传他的功绩。

1989 年 9 月，邓小平在即将退休之际，找中央几位负责同志商量他退休的时间和方式问题时，恳切地说："对我的评价，不要过分夸张，不要分量太重。有的把我的规格放在毛主席之上，这就不好了。我很怕有这样的东西，名誉太高了是个负担。"

1997 年元旦，中央电视台播放大型电视文献片《邓小平》。病榻上的邓小平看到了电视里一幕幕熟悉的画面，当工作人员告诉他这是反映他的电视片时，老人脸上露出了羞涩的表情。邓小平病重逝世后，家人致信党中央，再次转达他本人捐献角膜、解剖遗体和骨灰撒入大海的遗愿，并最终实现了遗愿，体现了马克思主义者彻底的唯物主义情怀。

"一位老共产党员"的捐款

1989 年，为筹集资金救助全国贫困地区失学儿童重返校园，共青团中央创办了中国青少年发展基金会（简称中国青基会），并启动了"希望工程"。

1990 年 5 月，团中央给邓小平写信，请他为希望工程题词。几天后，中国青基会就收到了邓小平亲手书写的苍劲有力的四个大字——"希望工程"。这张散发着墨香的字幅，让青基会的工作人员激动不已。1992 年 4 月 16 日，邓小平为希望工程的题词在《人民日报》发表后，给中国青基会和希望工程的发展带来了巨大推动力。希望工程迅速深入人心，形成品牌，也由此揭开了"希望工程百万爱心行动"的序幕。那段时间，是希望工程启动后接受捐款最多的时候，最高领导人的关注的确给全国人民"带了很好的头"。

1992 年 6 月 10 日，两位军人来到中国青基会，拿出 3000 元捐给希望工程。

邓小平的亲笔题词：希望工程

工作人员询问捐赠者姓名时，这两名军人却不愿意透露。留下捐款人的名字是基金会的规定。在工作人员的坚持下，一名军人说："如果一定要留名，就请写'一位老共产党员'吧！"就这样，希望工程第一次有了名为"一位老共产党员"的捐赠人。

10月6日，两位"神秘"的军人又来到中国青基会，拿出2000元要捐赠给希望工程，仍然留下了"一位老共产党员"的签名。

这位"老共产党员"是谁呢？两位军人第二次来捐款时，工作人员留了个心眼，记下了他们的车牌号。后经多方打听，终于得知"老共产党员"是邓小平。

中国青基会经过讨论，决定将这5000元捐款用于邓小平早期工作、战斗过的广西百色。1929年

中国"希望工程"的宣传标志

12 月，邓小平等组织领导和发动了百色起义，创建了红七军和右江革命根据地，并建立了右江苏维埃政权。

5000 元捐款最终用于百色市平果县凤梧乡仕仁村希望小学，包括周标亮在内的 25 名贫困失学儿童成了受益者。周标亮等贫困儿童的人生从此发生了改变。周标亮说："有一天，我的班主任找到我说，你很幸运，你得到了邓爷爷的资助，你可以继续上学了。当时，我简直不敢相信自己的耳朵……"

周标亮非常珍惜这来之不易的学习机会，她在代表百色贫困儿童写给邓小平的信中说：当我们得知您以"一位老共产党员"的名义向希望工程捐赠了 5000 元钱，又知道中国青少年发展基金会把这笔钱用于救助我们百色革命老区的失学孩子时，我们激动得哭了……邓爷爷，您的工作多忙呀，可您还在惦记着我们这些老区山里的娃娃。我们感到，虽然您在北京，离我们很远很远，但您的心与我们的心贴得很近很近。

如今，希望工程已成为我国社会参与广泛、影响力巨大的公益品牌之一，中国青基会也从一个简单的慈善募捐机构，成长为服务中国青少年的公益平台。邓小平的捐款正是这一切的"催化剂"。

不仅邓小平本人亲力亲为地给希望工程捐款，他的家人也心系希望工程。

在邓小平为希望工程捐款两年后的 1994 年 6 月，他的女儿邓榕来到中国青基会，向希望工程捐款 1.5 万元，用于救助沂蒙山区的 50 名失学贫困儿童。邓榕说："我们一家人都支持希望工程，母亲多次为希望工程捐款，今年，她补发了 4000 多元工资，都捐给了希望工程，不过她也没透露真实姓名。"

2004 年，邓小平 100 周年诞辰之际，遵照他的嘱托，家人把他生前的全部稿费 140 多万元捐献出来，设立中国青少年科技创新奖励基金，旨在打造青少年科技创新平台，为建设创新型国家、培养创新型人才创造环境。邓小平又一次为我国青少年发展事业贡献出自己的力量。

陈云
的
故事

　　陈云（1905 年 6 月 13 日—1995 年 4 月 10 日），伟大的无产阶级革命家、政治家，杰出的马克思主义者，中国社会主义经济建设的开创者和奠基人之一，党和国家久经考验的卓越领导人，是以毛泽东同志为核心的党的第一代中央领导集体和以邓小平同志为核心的党的第二代中央领导集体的重要成员。新民主主义革命时期，陈云同志为民族独立和人民解放顽强奋斗，是中华人民共和国的开国元勋。在社会主义革命和建设时期，陈云同志为确立社会主义基本经济制度、建立独立的比较完整的工业体系和国民经济体系做了大量卓有成效的工作，为探索我国社会主义建设道路做出了杰出贡献。在改革开放和社会主义现代化建设新时期，陈云同志为党开创中国特色社会主义道路做出了卓越贡献。在长达 70 年的革命生涯中，陈云同志为中国人民解放事业的开展和成功，为我国社会主义制度的建立和巩固，为我国改革开放和社会主义现代化事业的开创和发展，奉献了毕生精力，建立了不朽功勋。陈云同志身上表现出来的坚定理想信念、坚强党性原则、求真务实作风、朴素公仆情怀、勤奋学习精神，永远值得我们学习。

一元钱的婚礼

陈云在延安担任中共中央组织部部长期间，因过度疲劳，导致流鼻血的旧病复发，病势较重，给陈云的工作和生活带来前所未有的麻烦。针对这种情况，组织上考虑找一位细心、能干、政治上可靠的女同志前去照顾陈云。经过认真调查和挑选，最后，这个光荣的任务落到了一位名叫于若木的女同志身上。

对于陈云，于若木是有印象的。1937 年 11 月 29 日，陈云乘飞机从新疆回到延安，于若木出席了当天的欢迎会，第一次见到了陈云。后来，于若木回忆说："我离主席台比较近，大概就是三四米，所以主席台上的人都看得比较清楚。陈云同志讲了话，他的上海口音，给我留下了深刻的印象，他的政治家风采给我留下很深刻的印象。"后来，于若木在延安的大会上，还曾两次见到坐在主席台上的陈云。

现在，因为有了近距离接触的机会，于若木对陈云的了解更加深入了。陈云 4 岁时，父母因生活艰难而先后不治身亡，陈云落下了流鼻血的病根。陈云 15 岁到商务印书馆当学徒，不久就参加了革命，长期在白区搞地下工作，此后又参加了长征，积劳成疾，身体虚弱，心脏也有问题，流鼻血便不时出现，这次情况尤其严重。

陈云住在延安城里的一个窑洞里，于若木就在窑洞门口摆了张办公桌。陈云要找医生，她就跑去喊。陈云有一种止鼻血的药水，是从苏联带回来的，于若木每天给陈云点几次。两人最初只是相互介绍自己的身世和经历，彼此有了基本的了解；后来两人比较熟悉了，谈的话题自然多了起来，从理想、工作谈到生活、

1938年3月，陈云和于若木在延安结婚

爱好。于若木年轻活跃，喜欢唱歌。她唱的是当时在革命青年中流行的苏联歌曲《祖国进行曲》等，是陈云最喜欢听的。

两人相互了解，感情在接触中逐渐加深。不久，于若木的二哥于道源专程来到延安。陈云认真、坦诚地向于道源讲述了他和于若木相识的经过，并把对方看作女方家长的代表，郑重地征求于道源对两人婚事的意见。于道源久闻陈云之名，对他的印象非常好，表示对此事完全赞成。

共同的理想、共同的追求、共同的情趣，使陈云和于若木走到了一起。1938年春，他们在延安中央组织部的一间平房里举行了婚礼。婚礼非常简朴，大喜之日，陈云掏出一元钱买了些糖果、瓜子、枣子、花生之类的东西，大家坐在一起，纷纷向陈云夫妇致以热烈的祝贺，有的还即兴表演了节目。

就这样，陈云与于若木的婚事用一元钱就办完了。于若木晚年回忆说："事后，消息传开，有人要陈云同志请客。他当时虽然手里有点钱，请得起客，但他不愿意摆场面，所以没有请。"

婚后，陈云夫妇相敬如宾，说话从来都是轻言轻语、客客气气的。相邻居住的同志从未听过两人大声讲话，更不用说争吵闹矛盾了。在简陋的窑洞里，他们谈感情，谈工作，谈党史。"陈云在窑洞给于若木上党课"，一时被中央组织部的干部们传为佳话。

对于和陈云的婚姻，于若木本人是怎么看的呢？她告诉远在英国的大哥于道泉说："虽然他大了我14岁，但是我对自己的婚姻很满意。他是一个非常可靠的忠实的人，做事负责任，从不随便，脾气很好，用理性处理问题而不是感情用事。所不痛快的是两人能力地位相差太远，在他面前愈显得自己的幼稚无能。"

邓小平从太行山回到延安，知道陈云结婚的经过后，马上作了一首打油诗："千里姻缘一线牵，鼻痛带来美姻缘，中山政策女秘书，先生路线看护员。"这首诗非常形象地概括了陈云和于若木相识相恋的经过。其中，后两句是说孙中山跟宋庆龄的结合最初缘于宋庆龄担任孙中山的秘书，而陈云寻找医疗看护结果也促成了姻缘。

陈云和于若木一起走过半个多世纪的人生旅程，患难与共，相爱始终。陈云逝世后，于若木深情撰文："在我和陈云同志一起生活的50多年中，陈云同志总是循循善诱，不断提高我的思想和觉悟水平，逐渐弥补我们之间因年龄、职务、生活经历的不同而造成的差距。我欣赏他的智慧和工作的果断，更敬重他那像水晶一般透明的党性和人格。在这样的基础上，我们的家庭生活自然是融洽和谐的。"

2 爱读哲学的陈云

陈云自幼家境贫寒，读完高等小学后就被迫辍学，外出谋生。所以，陈云一直谦虚地称自己是"小学生"，履历表上"文化程度"一栏他总认真地填上"高小"二字。陈云不仅以"小学生"自勉，一生酷爱学习，勤奋学习，善于学习，还经常号召、鼓励大家勤奋学习，并形象地将坚持自学比喻为进"长期大学"。

高小毕业后，陈云在上海商务印书馆文具柜台当学徒。其间，除了繁重的劳动，他每天都要利用早晚时间读书、习字、念英语，看遍了店内的章回小说和少年丛书，还利用下班时间到商务印书馆办的图书学校学习，到共产党人办的上海通讯图书馆借书。陈云最初接触马克思主义，就是在那个通讯图书馆里。

在延安担任中共中央组织部部长期间，陈云在部内组织了一个学习小组，重点学习马恩列斯和毛泽东的哲学著作，前后坚持了5年。

陈云酷爱学习的作风，在他和于若木恋爱、结婚时充分显露出来了。他们的定情之物，就是于若木在给陈云做看护工作时常在窑洞门口读的列宁的《帝国主义论》，他俩在这本见证了彼此爱情的书上共同签上了自己的名字，珍藏起来。1938年春，两人在延安中央组织部的一间平房里举行了热闹而简单的婚礼。接连3个晚上，在明亮的麻油灯下，陈云给于若木讲党史，讲大革命失败后盲动主义给党造成的损失，讲向忠发、顾顺章叛变后对党中央形成的威胁，讲中央苏区第五次反"围剿"失败后毛泽东对党和红军的挽救等。

陈云自己热爱学习，也要求和帮助家人学习，在他的带动下，全家老少都对学习很感兴趣。大儿子陈元从小爱看《参考消息》的习惯，就是陈云引导和培养的。当时陈元还在上小学，开始只是好奇地翻翻。陈云看在眼里，没说话，只是投来赞许的目光。后来，陈云向别人夸奖，称陈元爱看报纸，爱看《参考消息》。陈元得知后，备受鼓舞，看报纸的劲头更足了，不仅认真看，还爱琢磨。时间一长，父子俩有了心照不宣的默契。陈元每次见父亲在《参考消息》上画杠杠，或圈下标题，就知道这是在提醒自己要注意看。

陈云非常注重学哲学，他曾说："学习哲学，可以使人开窍。学好哲学，终身受用。"陈云还特别叮嘱子女们，读哲学是一个人一生最重要的学习过程，只有掌握了正确的思想方法、工作方法，才能做好工作。

女儿陈伟兰刚开始读马克思著作时，感觉吃力，陈云就让她先停下，读读《毛泽东选集》。陈云说，毛主席的著作写的是中国人自己的事情，比较容易懂。

陈云指导子女们学哲学，不仅教大家掌握观察问题的立场、观点、方法，更希望用自己的信仰感染子女们，用自己的智慧引领子女们，形成良好的学习风气，培养子女们的自学能力，掌握正确的思维方法，发现问题，解决问题，提高工作能力。

为鼓励家人学哲学，陈云成立了一个家庭学习小组，专门学习马克思主义哲学。方法是每人先按约定的书目、段落分头阅读，然后利用每周日的上午 6 点半到 9 点半集中讨论，提出疑问，交流学习心得。

陈云也很关心身边工作人员的学习，倡导大家学习哲学。他说："学好哲学对工作、生活都是很有用的。看问题要一分为二，辩证地看，好的方面、坏的方面都要考虑进去，这样才会少犯错误。"

1983 年的一天，陈云郑重地对秘书朱佳木说："今天和你不谈别的事，就谈学哲学的事。我主张你今后也要抽时间学一下哲学，每天晚上看几十页书，并找几个同志一起学，每星期讨论一次，为期两年；先学什么，后学什么，要订一个计划。"

针对秘书担心平时任务重，怕学习影响工作的顾虑，陈云说："耽误一点事情不要紧，文件漏掉一点也不要紧，以后还可以补嘛。有所失才能有所得，要把眼光放远一点。要提高自己的思想水平、工作水平，必须学好哲学。"工作人员很尊重陈云的意见，他们迅速组织起来，制订学习计划，交流学习心得，营造了一种积极健康的学习氛围。

三不准

陈云清正廉洁、两袖清风是有口皆碑的，严于律己的陈云给家人规定了"三不准"：不准搭乘他使用的小汽车；不准翻看、接触只供他阅读的文件；不准随便进出他的办公室。对于陈云的"三不准"要求，家人几十年如一日，一丝不苟地认真做到了。

中华人民共和国成立初期，陈云担任中央人民政府政务院财政经济委员会（简称中财委）主任，妻子于若木也在中财委机关工作。每天上班，夫妻俩走的是同一条路线，尽管顺路，但于若木一直坚持骑自行车上下班，无论刮风下雨，无论严寒酷暑，从来没有搭乘过一次陈云的小汽车。

后来，于若木调到中国科学院植物研究所工作，有时候得到香山去，早出晚归。早上她带着饭盒，骑上自行车去上班，每次要骑一个半小时，半路上饿了就吃块糖，有了力气再骑。

粉碎"四人帮"后，于若木被调到中国科学院院部的落实政策办公室，也是骑自行车上班。有一次，于若木骑车被撞了，导致脚面骨折，不得不休息了很长时间，这才把自行车给二女儿陈伟华骑。大女儿陈伟力上初中、高中都是骑车，读大学时从家到位于玉泉路的中国科技大学骑车要一个多小时，5 年间她都坚持骑车，从不要公车接送。

陈云的孙子陈小希上小学二年级的时候，有一天下雨，工作人员在门口看见他穿了雨衣，推着车子准备往外走，就说："小希，现在下大雨，天气冷，是不是开车送你一下？"

小希马上回过头说："我家里有规定，不能用公车，不能坐爷爷的车，不可以，有规定。"说完，扭头骑上车就走了。这件事，给了工作人员很大的触动和教育。后来，工作人员上下班都坐公共汽车，很自觉地遵守陈云家的规矩。

陈云非常重视孩子们的学习，经常教他们读书看报，开阔视野，了解世界大事，不过他从来不把党内文件拿出来说。

1971 年"九一三事件"发生后不久，这件事开始从中央向地方逐级传达。当时，陈伟力正在江西照顾父亲陈云。有一天，陈云得到通知到省里听取传达文件。陈云回来后，陈伟力着急地问文件都说了些什么。陈云说："现在还不能告诉你，这个事情会传达，但是要等到文件规定传达到你这一级的时候，

中华人民共和国成立初期，陈云与夫人于若木和孩子们合影

我才能讲。"

　　之后女儿又催问了好几次，陈云总说不可以，因为还没到时间。陈伟力就抱怨说，人家的爸爸都跟孩子讲好多事。陈云说他就是不可以，他不是那样的人。一直到文件规定可以传达的时候，陈云才正式地、很严肃地对女儿讲了林彪叛逃的事情。

　　对于不准随便进出陈云的办公室的规定，陈云身边的工作人员曾宪林回忆说："平时子女们有事要和首长商量和汇报，他们会让我们进去请示，首长同意，他们才会进去。"

　　陈云要求自己的子女要像一般人家的子女一样工作和生活，不能有特权思想，更不能搞特殊化。孩子们非常关心爸爸，但不能天天见到，孩子们也有自己的工作，所以，他们只能在休息日到警卫值班室找警卫，或在家吃饭碰到警卫时问一句爸爸情况怎么样。

在这个大家庭里，警卫们称于若木为"阿姨"；对陈云的子女们则直呼小名，如"元元""方方""南南"等；孩子们称警卫们"叔叔"或"阿姨"。大家亲切随意，无拘无束，相互尊重，相互爱护。

普通劳动者的家风

不搞特殊化，以普通劳动者的标准严格要求自己，是陈云家风的一大特点。于若木曾说："我们家的家风有一个特点，就是以普通劳动者自居，以普通的机关干部要求自己，不搞特殊化。我们的儿女、孙子辈，在学校里别人看不出他们是干部子弟，他们比普通老百姓的孩子还要朴素。"

中华人民共和国成立初期，由供给制改为工资制，陈云家有 3 个孩子都在住宿制学校上学，学费、伙食费要从工资中扣，一下子交不出钱来。为了省钱，于若木把他们转到附近的普通小学走读，在家吃住。

大女儿陈伟力开始上小学时，陈云把她叫到办公室，很严肃地跟她谈话。陈伟力没上过幼儿园，一直在家里，有点自由散漫的毛病。陈云说："你就要上学了，学校里有很多同学，而且这些同学来自不同的家庭，出身都不一样，有的孩子甚至可能很穷苦。你到这个环境以后，绝对不许提陈云是谁，更不能觉得自己比别人优越，你没有什么可以骄傲的本钱，你是你，我是我。"

陈伟力上初中时，陈云在饭桌上和在平时闲谈中，不厌其烦地对她说：做人要正直、正派，无论到哪里，都要遵守当地的规矩和纪律；答应别人的事，一定要说到做到，如果情况有变化，要如实告诉人家。这些事看起来很细小，却要这样做。你们若是在外面表现不好，那就是我的问题了。尽管那时女儿并不太清楚父亲的特殊身份，对父亲的话也还不能完全理解，但她一直记在心上，并努力按父亲说的去做。

1968 年，21 岁的二女儿陈伟华高中毕业后，被分配到北京怀柔山区当老师。陈伟华第一次远离家人，人生地不熟，经常想家。有一次工作日，陈伟华没向学校请假，就走了几十里山路，冒雨赶回家。没想到，陈云见女儿回家，不但没有表现出高兴的

20 世纪 50 年代初，陈云与儿子陈元在一起

样子，当得知女儿没有请假后，还严肃地批评了她，让她立即回去。

晚上，陈云专门找陈伟华谈心，说孩子们的功课缺不得，让她要安心教好书、育好人，在农村好好干下去，干出好成绩。听了父亲的话，陈伟华第二天一大早就赶回了学校。

1977 年，中央决定恢复高考，陈云叮嘱妻子通知年近 30 的陈伟华，要她参加高考，并对女儿的报考志愿发话："国家需要教师，你报师范吧！"当时距高考不足 3 个月，陈伟华在乡下一无材料，二无人指导，想让母亲帮忙问一位比较熟悉的在大学工作的同志该怎么复习，复习些什么。可是，陈云知道后认为"这叫走后门"，不能那样做。

于是，陈伟华从朋友那儿找来复习资料和课本，白天工作，晚上抓紧时间刻苦复习，后来终于靠自己的努力考上了北京师范大学历史系。

次子陈方上中学的时候，有一次为了学游泳，从生活管理员手中要钱买

脚蹼，超出了预算。陈云知道后，找陈方谈话，问他钱是从哪里来的。陈方说从工作人员那儿来的。陈云又问工作人员的钱是哪儿来的，陈方说是爸爸的工资。陈云问："我的工资是谁给的？"陈方回答说是人民给的。陈云又问："人民给我的工资，你为什么用呢？"陈方理直气壮地说："我是你的儿子，你是我爸爸。"陈云告诫他说："节约一分钱是节约人民的钱，我看你的行动！"

1968年，陈云年仅18岁的小女儿陈伟兰从解放军艺术学院毕业后，被分配到了西藏。陈伟兰回忆说："有人就给我出主意说，你可以不可以让你父亲跟领导同志讲一讲，你就不去西藏了，留在成都。因为当时很天真，我就回去问我父亲。我父亲说我不能给你讲这个话，他说别人都能去，你也应该能去。"

也许是不忍看见女儿离去的背影，陈伟兰出发那天，陈云让全家人都去送她，自己却独自一人站在楼道里，没有出来。1984年的一天，陈云把已在组织部门工作的陈伟兰叫到办公室谈话。女儿跟父亲报告了自己的工作情况。

陈云问："如果你工作中有了一点儿别人认为做得不错的地方，你怎么办？"陈伟兰说："我就谦虚谨慎啊。"陈云又问："你怎么才能谦虚谨慎？"陈伟兰说："我时时记着，一定要在思想上保持警惕，谦虚谨慎。"陈云说："我告诉你，最重要的一条是你要摆正位置，工作是大家一起做的，是群众和领导一起做的，你不能把成绩算到自己的账上，要算到组织和群众的账上。"

陈云又问女儿："如果工作上有了缺点，别人批评了怎么办？"陈伟兰说："那我就找批评我的那个人详细谈谈。"陈云说："这样好，共产党员就要有自我批评的精神，有了自我批评的精神，才配做一个共产党员。"

陈云最大的外孙女叫陈茜，曾在实验中学读初中。陈茜平时一点儿都不特殊，和一般老百姓家的孩子一样，自己骑车上学。陈茜在校几年间，别人都不知道她是陈云家的孩子。

放学后，陈茜有时会到同学家一起复习功课。有同学就说这次你到我家，下次我到你家。按理说这个要求并不过分，可陈茜老是推托说家里不方便。陈茜的

1984 年 6 月 13 日，陈云在家中看外孙女写大字

班主任曾不无感慨地对她说："从你身上，我看到了朴实，看到了老一辈无产阶级革命家的好传统。"

"管钱" "用钱" 的心得

陈云长期主管中央财经工作，和"钱"打了一辈子交道，对"管钱""用钱"最有心得。陈云常语重心长地告诫财经干部和自己的家人："钱是老百姓的，我们不能拿老百姓的钱开玩笑。"

"接触钱财物的机会越多，越要廉洁奉公，同每一元钱作斗争，个人不动用公家一元钱！国家今天不查，明天不查，早晚都要查的。记住这一条，你就不会犯错误。"陈云是这么说的，也是这么做的，他一贯严以修身、严以用权、严以律己，从不拿手中的权力为自己或家人谋好处。

1948 年 11 月，沈阳解放后，陈云的第一道命令就是接管后的一切财物一律留在原处，没有命令任何人不得挪动。11 月的沈阳开始下雪了，天气寒冷。工作人员见陈云住的地方只有一张小铁床，床上只铺了一个草垫，又硬又凉，便擅自从宾馆的床上拆下一个沙发垫，铺在陈云的床上。陈云发现后，严厉地说："我下的命令，自己不执行，叫谁执行？我 20 多年的党龄了，怎么能带这样的头呢？今后不要这样了，快拿回去吧。"

1959 年 6 月 30 日，陈云视察苏州刺绣研究所

中华人民共和国成立之初，陈云主持中财委工作，作为国家最主要的理财人，虽经手钱财以亿万计，但他个人的生活却十分简朴自律。那时，中财委办公处所的暖气烧得不好，冬天办公室里很冷，行政部门见陈云经常感冒，便给他的办公室配了电炉子。为了节约用电，陈云很少用，只开过几次电炉子，那也是为苏联顾问到他办公室谈话而准备的。

有一年的 11 月 10 日左右，北京气温骤降，周恩来到陈云那里去，发现陈云正拥着棉被坐着办公。周恩来于心不忍，马上表示特许提前几天烧暖气。陈云却坚决推辞道："11 月 15 日供暖是我定的，我不能破这个例。"

20 世纪 60 年代初，为应对我国经济的困难局面，主管经济工作的陈云和其他领导曾主张搞几种"高价商品"以回笼货币。所谓高价商品，指购买这些商品时不需凭票，只要花上比平价商品高上几倍的钱就能买到。

高价商品一经推出，就受到市场的欢迎，仅 1961 年 1 月份，全国就售出了 1800 万斤高价糕点和糖果，回笼资金 8300 万元。这年夏天，于若木上街为陈云购置了一套称心的高价毛巾被。可是第二天，报纸就登出消息说我国经济已恢复到一定水平，可以取消高价商品了，即日起所有高价商品都降为平价。

看到这个消息后，于若木有点儿报怨陈云不早告诉她，害她花了冤枉钱。陈云却说："我是主管经济的，这是国家的经济机密，我怎么可以在自己家里随便讲？我要带头遵守党的纪律。"

20 世纪 80 年代，中央关于征收个人所得税的决定刚刚通过，陈云就马上前往交税，有关部门的发票还没来得及做出来，陈云表示不能等到下个月，于是就有了一张手写的缴税收据。

1982 年 8 月 24 日，陈云收到《陈云文稿选编》一书的 5000 元稿费。9 月 25 日，他将这笔稿费全部交了党费。此后，《陈云文选》第二卷、第三卷陆续出版发行，陈云也得到了几笔稿费，他仍打算全部当作党费上交。秘书劝他先存起来，以后可以捐给某项事业。后来，陈云把这些稿费分别捐给了希望工程和新成立的北方曲艺学校。

1995年4月10日清晨，陈云在弥留之际，向党组织交纳了最后一笔党费。党费收据是10日上午开具的，上面写着：3、4月份党费，112元4角。下午2时04分，陈云与世长辞。

据当时在场清理遗物的二女儿陈伟华回忆，1994年4月6日，陈云从《新闻联播》中看到中央机关为"希望工程"捐款的报道。第二天，陈云就委托身边工作人员从他的存款中取出5000元，送到中国青少年基金会。接受捐款的河南省卢氏县希望工程办公室，要求受助学生每年都给捐款人写信汇报学习情况和家庭生活情况，这些信件由老师统一送团县委，再由团县委邮寄或转送给捐助人。于是，陈云的遗物中就有了一摞保存完好的信件。

老汉就坐红旗车

早在1980年，陈云就明确提出"执政党的党风问题是有关党的生死存亡的问题"的著名论断。针对改革开放期间党员干部中出现的不正之风，陈云严肃指出：这样发展下去，党的肌体、党群关系必将受到损害，有所好转的党风也会受到影响，改革也难以顺利进行。

为此，陈云一贯主张，抓党风首先从各级党的领导干部尤其是党的高级干部做起，并通过一系列的规定、通报和惩治，切实纠正了某些党政领导机关和领导干部特殊化的不良作风。

20世纪80年代中期，报纸上、街道上有很多宣传外国产品的广告，尤以外国轿车广告居多。那段时间，党内领导同志坐进口轿车的风气盛行，且越坐越高级，皇冠、奔驰在北京到处跑，中南海也有很多。对此，群众很有意见，报纸和内参上时有披露。作为中央纪委第一书记的陈云，对此非常关注。

1958 年红旗牌轿车诞生，并成为国家领导人和国家重大活动的国事用车。在 20 世纪六七十年代，红旗轿车成为中国汽车工业的一面旗帜。自长春第一汽车制造厂依靠自己的力量生产出红旗车后，陈云就认定"红旗"为自己的用车。

针对党内同志盛行的坐进口高级轿车之风，1986 年 1 月的一天，陈云让工作人员借来德国奔驰、日本皇冠和国产上海 3 辆汽车。陈云看到两部进口车时，神情十分严肃。他直奔皇冠车，坐上去后环顾四周，感受感受座位的舒适度，又各处摸了摸，然后说："这车好是好，我不能坐。为什么要进口这些车呢？就是摆阔气。下车！"

工作人员指着奔驰车问："还有一辆呢，坐不坐？"陈云扭头看了一眼，说："我懒得坐！"这是陈云唯一一次坐进口轿车，总共不到 3 分钟。回到办公室后，陈云说："买进口车是需要外汇的，国家外汇是有限的，花这么多外

1958 年 6 月，陈云在中南海参观长春第一汽车制造厂生产的东风牌轿车

1960 年 1 月，陈云在上海

汇买这些高级进口轿车，就是少数人享受，别的大事就干不成了。老汉不坐外国车，坐着心里也不安，不踏实啊。还是坐我们国产车心里踏实，老汉就坐红旗车。"他还风趣地说："瘌痢头儿子——还是自己的好。"

1986 年 1 月 22 日，中央纪委办公厅的一份简报送到了陈云手里，反映的是中科院花 160 多万元购买高级轿车一事。陈云当即作出批示："自己有车，还向下属单位要新的高级车，这样的事，在高级干部中，可能不仅这几位同志。中央要求北京的党政军机关，在实现党风和社会风气根本好转中做表率。我建议，做表率首先从中央政治局、书记处和国务院的各位同志做起，凡是别人（或单位）送的和个人调换的汽车（行政机关配备的不算），无论是谁，一律退回，坐原来配备的车。在这件事上，得罪点人，比不管而让群众在下面骂我们要好。"事后，陈云的批示被印发到全国各党政机关，要求大家认真贯彻执行。

1978 年，中央为陈云配备了一辆红旗牌轿车，以便他从事国务活动时乘坐。直到 1995 年陈云逝世时，送他的骨灰的仍然是这辆他乘坐了十几年的国产轿车。第二天，于若木就将该车还给了中共中央办公厅。

陈云的年夜饭

中华人民共和国成立初期，陈云的工作十分繁忙，每天要工作十七八个小时，睡眠时间很少。繁重的任务和紧张的节奏都需要身体有足够的营养，可是，陈云的饮食却始终保持较低水平。

在中财委的老式大套院里，陈云和其他领导同志开会或办公之后，常因时间晚了就在那里吃饭。饭菜十分简单，一般只有四菜一汤。菜也不是什么好菜，只是些普通的炒菜或烩菜，以素菜为主，荤菜也只是肉片炒白菜之类的，很少吃鸡鸭鱼蛋等。

在家里，陈云的饭菜则更简单。

早些年，陈云是和家人一起同桌吃饭的，由于孩子多，开销大，伙食很简单。早饭通常是稀饭、馒头、咸菜。陈云是南方人，吃不惯馒头，家人就为他准备了两片面包，算是特殊照顾。除此之外，他和家人吃的一样。

午饭、晚饭炒菜时，放一点儿肉，连鸡蛋都很少见。工作人员担心伙食太差，影响陈云的健康，便提出中餐时给他单独炒一小盘质量好点儿的菜，陈云却怎么也不答应。陈云说："现在吃的不是比以前好多了吗？不必要。"

1960年，陈云患上了严重的肠胃病。因肠胃消化功能极差，陈云吃的米饭要蒸得非常软，而且只能用油性很小的糙米；菜要炒得很烂，且不能多放油。没办法，陈云只好和家人分开吃饭。为此，陈云常开玩笑说："过去革命战争年代想吃，没有东西吃；现在革命胜利了，有东西吃了，又不能吃。自己真是没有口福呀！"

改革开放后，老百姓的餐桌上变得丰富多彩了，而陈云仍是简单的饮食：中午两菜一汤，菜谱每周一换，都是些普通家常菜。陈云从不吃奢侈的美味，他说："鱼翅海参是山珍海味，太贵了，吃不起呀！以前是地主吃的。"为他做饭的厨师说："首长一年到头就吃几样普通的家常菜，我的技术都提高不了。"

特别是到了晚年，陈云多年如一日，保持着很有规律的三餐。早餐：两片面包、一杯豆浆、一碗稀饭加几粒核桃仁。后来在大夫的建议下，加了几粒煮花生豆。午餐：一荤一素、二两米饭加两片蒸的胡萝卜。晚餐：一个豆制品、一个素菜、一碗米饭。饭后常吃的水果是一根香蕉或几小片其他水果。

这些食谱常年不变，即使是逢年过节或过生日，大家想给他改善一下，陈云也不答应。有一年春节，工作人员来到陈云吃饭的小房间，见仍然是两菜一汤，一荤一素，便对他说："过节了，加个菜吧。"陈云笑着说："不用加，我天天过节。"意思是说，现在的伙食和过去的艰苦年代比，就和过节一样。

陈云吃饭的要求是：只要够吃就行，不能浪费。每餐必吃光喝净，不剩一粒

1994 年春节，陈云在上海

米、一口汤。他常常把掉在桌子上的饭粒都捡起来吃，还把盛粥的勺子舔得干干净净，不浪费一粒米。

20 世纪 90 年代的一个除夕夜，当时分管接待工作的上海市委副书记王力平给陈云拜年。陈云正在吃饭，桌上放着两盘菜，一盘豆腐，一盘炒荷兰豆。见此情景，王力平不禁感慨道："这就是我们国家领导人的年夜饭啊！"

个人名利淡如水

纵观陈云的一生，他在各个历史时期都做出了重要贡献，尤其对我党的经济方面的工作，更是功不可没，但他一直很低调，从不宣传自己，"不居功，不自恃"是他为人处世的准则。

陈云生前，有关他的书籍少之又少，甚至报刊上的报道也很少。比如，大家都公认他在"四保临江"战役中取得了很大成就，但只要有人描写这段历史，陈云都把自己的事情全部勾掉。

20 世纪 90 年代，中央电视台播放了一部电视剧《陈云出川》。电视剧讲的是红军长征途中，陈云奉中共中央之命，从四川秘密前往上海，而后前往苏联莫斯科，向共产国际汇报遵义会议的情况。有关部门未就此事向陈云汇报，电视剧拍摄制作结束后，即由中央电视台播出。

晚年的陈云因患有白内障及青光眼，视力很差，基本不看电视，只是每天早晚准时收听中央人民广播电台的《新闻联播》。如果临时有事，他就叫人把广播录下来，有空时补听。陈云本来不知道《陈云出川》播出之事，是一位新来的护士说漏了嘴。

陈云当即叫来秘书了解情况，并要求秘书把剧本拿来读给他听。听罢，陈云认为这片子不能播出，于是写信给中央，要求停播。后来，央视执行了中途停播的指示。

除了被停播的电视剧《陈云出川》外，有关部门还编了一本摄影画册《陈云》。出版前，书稿送给陈云过目。陈云收到书稿后，不置可否，压在那里，既不点头，也不退还。就这样，这本摄影画册在陈云那里压了多年。

对于这本画册，有关部门负责同志再三劝陈云"点头"，以便在陈云90周年诞辰时出版。毛泽东、刘少奇、周恩来、朱德、邓小平、彭真的画册都已出版，只有陈云还"拖"着。后来，陈云勉强"点头"，可画册出版时，他已逝世。

党的八大前，陈云就已是中共中央五大书记之一。党的八大后，陈云是中共中央4位副主席、6位常委之一。但是，陈云始终要求有关部门在待遇和宣传上不要把他同毛泽东、刘少奇、周恩来、朱德并列。

苏联政府送给中共中央五大书记一人一辆小汽车，陈云坚持把他的那辆退给有关部门。当年供给制改工资制时，有关部门把党中央五位书记定为最高级别一级，陈云知道后，给时任中央组织部部长的安子文打电话，说对他要和对毛、刘、周、朱有所区别，他们是"第一排"的，自己属于"第二排"，只能定二级。

党的八大后，"红旗飘飘丛书"要给每位中央政治局常委登一个小传，陈云始终不同意登他的小传。凡是宣传他的文章，只要报到他那里，无一例外都要被他"枪毙"。有人说，这是陈云同志谦虚；陈云说这不是谦虚，是实事求是。

社会主义探索时期，陈云遭遇了很多挫折和困难。可是无论境遇如何，他始终坚持信念。当他的意见不被接受时，他说不以成败论英雄，从不怨天尤人；工作取得成绩时，他也从不沾沾自喜，始终能摆正自己的位置。

1982年4月，有关部门将陈云于1949年至1956年的文稿选编出版时，他要求工作人员转告编辑组，一定要在文稿《后记》中说明，他在中财委主持工作期间，几乎所有决定，特别是重大决策，除他作了必要的调查研究外，都是经集体讨论作出的。许多重大决策都是根据以毛泽东为首的党中央确定的路线、方针、政策作出的，或者是经过党中央批准的。大家在阅读这卷文稿时，如觉得哪一段工作还有成功之处，决不要把功劳记在他一个人的账上。

党的十二大后，中央新闻纪录电影制片厂提出需要中央领导平时工作、休息的镜头，唯独缺陈云的，希望能拍一些留作资料。秘书向陈云报告后，他勉强答应了，但拍了一两次便烦了，不让再拍，他说自己历来不主张搞这种宣传个人的东西，没有电影镜头没关系，他现在还死不了，等将来死了，有一张照片就行了。话说到这份上，事情便只好作罢。

后来，遵义会议纪念馆来信说，为了恢复当年中央领导同志住过的旧址，希望陈云回忆一下是否住过遵义会议的那栋楼，还说打算把当年他担任政委、刘伯

1935 年 1 月，陈云出席中共中央政治局在遵义召开的扩大会议。图为遵义会议会场旧址

承担任司令员的遵义卫戍司令部旧址内的单位迁出，辟为纪念地。陈云回信说，他没有在遵义会议会址住过，也不要恢复司令部旧址，只需在会址说明词中写上他参加过会议、当时住在哪里就行了。陈云历来不赞成搞这些东西，以前有人提出要把他家的房子搞成纪念室，他就没有同意，说以后也不能搞。

叶剑英

的

故事

　　叶剑英（1897 年 4 月 28 日—1986 年
10 月 22 日），伟大的无产阶级革命家、政
治家、军事家，坚定的马克思主义者，中国
人民解放军的缔造者之一，中华人民共和国
的开国元勋，长期担任党、国家和军队重要
领导职务的卓越领导人，是以邓小平同志为
核心的中国共产党第二代中央领导集体的重
要成员。在 20 世纪波澜壮阔的中国政治、
军事舞台上，叶剑英参加了中国共产党领导
的 22 年人民革命战争的全过程，参与了新
中国成立后国防和军队建设一系列重大决策
的制定和实施，在人民军队的创立和建设、
人民战争的运筹和指挥、国防现代化的奠基
和发展中，做出了不可磨灭的历史贡献。叶
剑英同志党性坚强、信念坚定，对社会主义、

共产主义事业矢志不渝，对党、对国家、对人民无比忠诚。他追求真理、服从真理、坚持真理，始终随历史潮流不断前进。在重大和紧要的历史关头，他总是挺身而出、力挽狂澜、化险扶危，他的诗句"矢志共产宏图业，为花欣作落泥红"，正是他不懈奋斗的光辉一生的真实写照。

寒门学子苦读书

1980 年 5 月，83 岁高龄的叶剑英重访广东梅县（今广东省梅州市梅县区）雁洋旧居，看到儿时读书用的小方桌尚在时，用手抚摸着桌子说："我还记得，这张小桌是我小时候吃饭和读书用过的。"说完，他坐在桌前，面对昔日的木窗和灯盏，触景生情，感慨万千，挥笔写下一首七言绝句："八十三年一瞬驰，木窗灯盏忆儿痴。人生百岁半九十，万丈霞光值暮时。"

叶剑英，原名叶宜伟，1897 年 4 月 28 日生于广东省梅县雁洋堡。叶剑英出生之时，中国正处于灾难深重的年代。父亲叶钻祥年轻时曾考取清朝的武秀才，但无用武之地，只得靠摆摊经营小本生意维持生计。

然而，那年月天灾人祸不断，加上常年繁重的苛捐杂税，家里孩子又多，小本生意很难维持生计。家中经常缺钱买米，有时吃了上顿没有下顿，因此母亲也得经常给人打短工，赚点微薄的收入补贴家用。

自古寒门出俊才。叶剑英 7 岁那年，虽然生活拮据，但父母仍然省吃俭用，借钱送他去私塾读书。梅县虽地处山区，但因华侨众多等原因，与

叶剑英故居

叶剑英少年时在家中学习使用过的小木桌

封建思想文化对立的新思想、新文化在这里传播得较早较快。所以，叶剑英很快就告别"子曰""诗云"那一套，转入雁洋堡怀新小学堂学习国文、算术等新课程。

深知学习机会来之不易，叶剑英读书很勤奋。课堂上，他全神贯注地听讲；放学回家后，一边帮父母做家务，一边坚持学习，整日以书为伴。每天晚饭后，他和弟弟妹妹帮妈妈收拾完碗筷，把小方桌擦得干干净净，然后坐下来刻苦攻读，直到深夜。

夜晚读书要点灯费油，可是去学堂读书家里已经花了不少钱，哪里还有闲钱买油灯呢？有没有既能读书又能省油的两全其美之法呢？叶剑英灵机一动，想起了山里人用的"竹精子"。于是，叶剑英在大人们的帮助下，从山上砍来一种叫"硬头黄"的竹子，然后把它们剖成一根根筷子大小的竹篾子，缠上破布，再浸些松脂，晾干以后就成了能照明的"竹精子"。

"竹精子"虽然省钱，但燃烧时间短，每根只能燃烧一刻钟左右。为了读书，叶剑英一根接着一根地点，一个晚上下来要点十几根竹精子，那些跳动的小小火苗就像一颗充满求知欲的心。

由于读书太过用功，一次，叶剑英实在太累了，趴在桌子上打盹儿，被"竹精子"飞溅的火星烧焦了一缕头发。母亲见了十分心疼，而他却毫不在乎，依然埋头苦读。

即便是出门玩耍，叶剑英也从不放过学习的机会。每逢游山玩水、寻访名胜，叶剑英都随身带着一个小本子。每到一处，凡刻有楹联诗句的地方，他都要停下脚步，留意观看，一边吟诵，一边抄写。就这样，一句句妙语佳联深深地印进了叶剑英的脑海，对他不断提高诗文写作水平很有帮助。

一张窄小的木制方桌，一根根简陋的"竹精子"，陪伴少年叶剑英度过了一段难忘的苦读岁月。日后无论环境多么艰苦恶劣，叶剑英始终保持勤于读书的好习惯。

2 大丈夫何患乎文凭！

1912 年 1 月，叶剑英以优异的成绩考入梅县务本中学。学校自由空气浓厚，不受官方限制，师生思想异常活跃。叶剑英入校后，很快成为活跃分子，被选为学生自治会会长。

1980 年，叶剑英回到母校，和小校友们亲切交谈

梅县东山中学旧址

这年冬天，根据广东省府的指示，梅县临时议会决定将务本中学和其他 3 所中学合并，改为官办，并派来了官方校长。官方校长是一个守旧的人，一上任就改变了学校的许多规矩，如禁止学生的进步活动，歧视、排挤贫家子弟。这引起了进步师生的强烈不满。

这时，务本中学原来的校长叶则愚等人正筹办梅县私立中学。叶剑英以学生自治会的名义，联合 100 多名学生闹起了反对官派校长的学潮。后在教育界进步人士和学生家长、乡绅及海外爱国华侨的鼓励、支持下，在师生们的共同努力下，在县城东山脚下建起了新校——东山中学。

东山中学建校之初，困难重重，百端待举。不过，师生们并没有被困难压倒，他们自己动手制作教学用具，勤俭办学。叶剑英和东山中学的第一批学生深知学校创建不易，因此更加珍惜时间，刻苦学习。

叶剑英成绩拔尖，每次考试都名列前茅。除了按时完成学校规定的各门课程外，叶剑英还到处借阅课外书籍，扩大知识面。他天资聪颖，文思敏捷，诗文习作常得到老师的赞扬和青睐，作文还经常作为范文，被老师拿去"贴堂"展览。老师曾在叶剑英的一篇作文后面批了"奇峰突起"4个字。

叶剑英不仅学习成绩优异，而且社会活动能力强。校学生自治会成立初期，大家选举他担任会长。学生自治会在叶剑英的主持和老师们的指导下，逐步成立了国文、英文、数学等研究社，成立了演说会、新剧社等组织，筹办了阅读报室、卫生部、营业部和球队，还出版了《东山月刊》。

叶剑英经常组织同学们一起吟诗作文，谈古论今，每每满怀激情，高声朗诵岳飞的《满江红》和文天祥的《正气歌》。叶剑英曾在学校后山的油岩寺墙壁上题诗一首："放眼高歌气吐虹，也曾拔剑角群雄。我来无限兴亡感，慰祝苍生乐大同。"表达了自己报效国家的志向和对大同世界的向往。

在文体活动方面，叶剑英也一向是积极分子。他不但胡琴拉得好，还会打扬琴、弹钢琴。同时，叶剑英还是讲古书的能手，说话幽默风趣，颇有演说才能。当时，学校门口有一个做小买卖的杨老伯，听叶剑英讲"三国"入了迷，常请叶剑英到他那里讲"专场"。中华人民共和国成立后，叶剑英有一次回梅县路过这里时，还问那个小店铺和杨老伯在不在，并兴致勃勃地回忆起当年讲"三国"、杨老伯请他吃花生米的故事。

东山中学第一届学生毕业前夕，学校决定举办教学成绩展览，以迎接省教育部门的检查。作为学生自治会会长，叶剑英在参加办展览的过程中，和许多教师、同学都主张集中时间和力量，把规模搞大一些，充分展示学校的面貌，力争超过梅县的教会学校和官办学校。校长怕得罪官方和其他学校，不同意这样做，因而发生了争论。校长认为叶剑英对他不尊重，便严厉训斥了叶剑英，并以扣发文凭相威胁，要求他承认错误。

叶剑英一气之下，卷起铺盖提前一个月离开了学校。不久，校长后悔了，托人给叶剑英捎去一封信，劝他回校领文凭，但信中仍不乏责备之意，希望他"认错"。叶剑英读罢来信，当即回信拒绝返校，他在回信末尾表示："自古英雄多出自草莽，大丈夫何患乎文凭！"

叶剑英虽然被迫提前一个月离开了学校，但他对母校始终怀着深情，始终没有忘记母校对他的培养之情。中华人民共和国成立后，每逢重要的校庆活动，叶剑英都要写信或题词，表示祝贺，他还多次利用机会回母校探望，帮助解决各种问题，勉励同学们应德智体全面发展。

慈爱的首长

1932 年底，叶剑英从前线调回瑞金，任中国工农红军学校校长兼政治委员及瑞金卫戍司令员。1933 年 1 月，吕黎平被选为叶剑英的机要秘书。作为一名初出茅庐的地方干部，吕黎平不懂机要业务，心里忐忑不安。

叶剑英见状，对吕黎平倍加亲切，以师长对小学生一样的和蔼态度，手把手地教他如何翻译电报，鼓励他看书学习，思想上要有抱负，不要浪费血气方刚的年华。工作之余，叶剑英毫无"官"气，不仅关照吕黎平的生活，还常同他唠家常、讲故事，用谈笑风生、平易近人的方式教吕黎平办事待人。

叶剑英很体贴秘书，有时他自己要工作到深夜，便对吕黎平说："我很快就办完了，小鬼，不要等我，你年轻瞌睡虫多一点，先去睡觉吧。"

吕黎平腿上生了疥疮，叶剑英知道后，不仅减轻了他的工作量，还亲自找来医生为他治疗，并督促他每天早晚用热水清洗除菌。

1939 年春，叶剑英在湖南衡山的南岳游击干部训练班任副教育长。训练班驻扎在山区，生活十分枯燥、单调。一天，著名戏剧家田汉率抗敌演出八队来慰问，训练班在南濠酒楼宴请演出队。

席间，几个国民党官员突然起哄，要演出队的女队员唱歌。由于他们说话时嬉皮笑脸、语言不恭，演出队的同志十分反感，大家沉默不语，气氛尴尬。这时，叶剑英从容不迫地站起来，说："我来唱一个。"说着，他清了清嗓子，一只脚踩在一条小凳子上，唱起了陕北小调《开荒》："开荒呀！开荒！前方的战士要军粮。织布呀！织布！前方的战士要衣服……"

叶剑英嗓音浑厚，唱的是陕北曲调，却夹杂着一点广东话的尾音，大家觉得别有一番韵味。一曲唱完，大家齐声喊："再来一个"。叶剑英笑着说："这回呀，该轮到演出队了！"于是，演出队先后齐唱了《红缨枪》《大刀进行曲》等歌曲，席上不愉快的情绪很快一扫而光。

叶剑英从重庆回到延安后，任中共中央军事委员会参谋长。从那时起，人们习惯亲切地称呼他"参座"。紧张繁忙的工作之余，叶剑英十分重视机关文化生活，喜欢和干部战士"同乐"。叶剑英亲自拉二胡、打扬琴，还亲手制作乐器，教大家识谱、弹琴、唱歌。在他的带动下，部队成立了乐队、演出队，经常组织演出。

1944年冬，为了加强参谋部的工作，叶剑英把当时在延安中央党校学习的

1965年，叶剑英在海岛视察时，和海岛上的指战员联欢

刘志坚调到军委作战局，并亲自找他谈话。叶剑英见刘志坚穿着单薄，便拿出一件皮大衣给他。刘志坚不好意思要，叶剑英硬是让他穿上试一试，还笑着说："长了点，晚上还可以当被子盖。"

抗战胜利后，刘志坚告别怀孕的爱人，随部队到了太行山。1945 年 12 月的一天，刘志坚突然接到叶剑英从延安发来的电报，恭喜他得了一个儿子。在紧张艰苦的斗争中，这个简短的电文可谓价抵千金。后来，叶剑英去北平军调处工作，还特意让秘书带了两罐奶粉回延安给刘志坚的爱人。

军委机要秘书张明的爱人生孩子后，因身体虚弱，没有奶水，孩子饿得整天哇哇叫。叶剑英知道后，把伙房每天分给自己的半磅牛奶送给孩子喝，还亲自去看望，并把自己的孩子用过的小床送去。

叶剑英这种照顾部属、关心干部的好风尚，几十年如一日，到了晚年也是如此。曾在叶剑英身边工作的李俊山回忆说："首长是个极和蔼的老头。在工作之余，常和工作人员说说笑笑，没有一点架子。我们在首长面前也很随便。我感到，能在这样慈爱的首长身边工作，十分荣幸。"

叶剑英在北京同亲属、身边工作人员合影

晚年，叶剑英工作之余爱看电影，他总忘不了叫上身边的工作人员一起看。逢年过节，叶剑英也总邀请工作人员和他一起吃饭。

1980年，叶剑英患帕金森氏病，并常引起并发症。1982年以后，肺部感染一次比一次严重，且越来越频繁。为积极有效地控制肺部感染，医疗小组认为使用静脉滴注抗生素是最有效的方法。但是，这种方法给病人带来的痛苦比较大。叶剑英知道后，鼓励医护人员："要大胆地穿刺，不要因为是给我打针而紧张。"

有护士问叶剑英："首长，您平常不是最害怕打针吗？怎么真正要打针的时候，又不害怕了呢？"叶剑英笑了笑，回答道："这个道理很简单，当你们决定要打针治疗的时候，我若是紧张，你们不是更紧张了吗？"

女儿叶向真回忆说："在父亲身边，我从没听到过他说自己如何能干，以此向我们这些小字辈摆功。也从来没有听到过他说谁谁怎么不好。他说到别人犯了错误，总是带着一种沉痛而惋惜的语调。他这种以他人之忧为己忧的情绪，往往使在他身边的我们产生一种共鸣。"

4

摊贩代表座谈会

1949年，北平和平解放。时任北平市市长兼北平军事管制委员会主任的叶剑英，面对的是一个百废待兴、百乱待治、百业萧条的"烂摊子"，亟待解决城市建设、巩固政权、恢复经济、稳定秩序等许多难题，其中一"难"就是摊贩占道、妨碍交通的问题。

当时，很多城市贫民、失业工人、破产小商人等，为了维持生计，不得不在要道、路口等繁华地带摆个小摊，做点小生意，艰难度日。这就经常造成交通拥堵，引发车祸，甚至有特务分子、不法分子以摊贩为掩护，伺机捣乱，进行破坏活动，社会秩序十分混乱。据当时的工商部门统计，北平大约有摊贩 4.5 万户至 5 万户左右，占全市总户数的 10% 至 15%。

为尽快搞好市政建设，稳定民心，让百姓安居乐业，叶剑英一直认真思考如何解决摊贩问题。像旧政府一样横加取缔或放任不管，还是采取照顾帮助与管理的办法，积极引导，变害为利呢？

5 月 23 日晚，叶剑英与彭真专门召集北平摊贩代表开了一个座谈会。

会议一开始，叶剑英就亲切地说："同志们！今晚利用这个时间，不妨碍大家的生产，请大家到这里来谈一谈。""同志们"这一称呼，让本来带着抵触情绪而来，等着接受共产党严厉整治的摊贩们大感意外。

叶剑英十分同情摊贩们的困难处境，他深情地说："你们的生活很苦，过去受了很多压迫和苦难，共产党领导中国人民革命就是为了把受压迫受苦的人解放出来，从事建设与生产，逐步地使大家都有饭吃，有衣穿，有屋住，有书读，生活得好。"

接着，叶剑英又谦虚地说："我们对摊贩没有管过，我们还是学生，你们是先生，要同你们商量一下，如何管理。集中大家的意见以后，我们便去办。这里，我先要请大家答复一个问题。"

叶剑英环顾四周，问道："过去，国民党的市长们，国民党的市党部和你们

1949 年 2 月 12 日，叶剑英在庆祝北平和平解放大会上发表讲话

开过会没有？对你们用什么方法管理？"

摊贩们听完，顿时觉得新任市长没有官架子，于是立马放松了紧张情绪，气氛一下子活跃起来，便开始你一言我一语地说着。

"那些大官我们连见都见不到，还会同我们开会？"

"警察宪兵动不动就用皮带抽打我们！"

"他们不开会，是下命令。"

"他们对我们的办法就是强制和压迫！"

……

叶剑英听了大家的意见后，说："同志们，他们是反革命，是不讲道理的。国民党是用皮带鞭打你们。人打人的事是古代奴隶社会的遗传，奴隶主强迫奴隶耕田，把奴隶看成是会说话的毛驴。在奴隶主的眼中，打人和打毛驴是没有什么区别的，国民党把人民当作毛驴，对毛驴用打的方法来管，对人民也用打的方法来管。北平几十年来那些做官的哪一个把你们当作人？只有共产党才把你们当人看。"

叶剑英还站在摊贩的立场上，设身处地地为他们着想："摊贩是劳动人民的一部分。现在，你们的生活很困难，共产党和人民政府完全知道，我们应当帮助大家从事生产，以求逐步克服困难。"

"摊贩作为一种营业方式，是正当的，既然正当为什么还要整顿呢？"叶剑英深入浅出地分析摊贩管理的必要性，"因为摊贩有两个问题要解决：第一，就是我们摊贩还没有办手续，没有登记，没有领牌照，没有纳一点税，尽点义务；第二，就是位置摆得不对头，不适当。……"

叶剑英诚恳谦虚的态度，使摊贩们打消了顾虑，打心眼里认可和理解这个为人民说话的政府。会场热闹起来，摊贩们畅所欲言，提出了许多很好的建议和办法。

会后，叶剑英积极吸收摊贩们的意见和建议，具体问题具体分析，不搞一刀切。经过科学合理的整顿，全市摊贩得到了妥当安置，有效改善了市政交通。

就凭这枪法，用不着大惊小怪嘛！

随着解放战争在全国范围内取得胜利，败退台湾的蒋介石集团不甘心失败，不断采取偷袭、潜渡以及空降等方式，大量派遣特务潜入大陆进行捣乱和破坏活动。台湾特务机关甚至以"杀死一名部长，奖励十条黄金"为诱饵，诱使一些亡命之徒铤而走险，企图暗杀高级干部和重要民主人士。

特别是朝鲜战争爆发后，潜伏在广州的匪特活动更为猖獗，他们很快将目标瞄准了主政广东的叶剑英。新中国第一部反间谍影片《羊城暗哨》，就是以震惊

1949 年 10 月 14 日，华南重镇广州解放。图为叶剑英（左三）、邓华（左一）等在广州入城式检阅台上

全国的"羊城第一案"为原型摄制的。其实,回顾当年敌特人员屡屡企图暗杀叶剑英的阴谋,大家会发现,现实远比电影精彩。

1950 年 4 月,国民党特务根据"国防部保密局"的命令,制订了一个详尽的暗杀计划,其中有人负责乘坐汽艇盯梢叶剑英经常乘坐的"珠江轮",如果时机成熟,就用集束手榴弹将轮船炸沉;与此同时,有人负责潜入叶剑英经常宴请宾客的西园酒家当厨师,趁人不注意在饭菜中投毒,并在座椅下安装定时炸弹;如仍未得手,埋伏在门外的特务将赤膊上阵,在叶剑英出门时向他投掷手榴弹。

如此"环环相扣"的暗杀方案,在敌特人员看来是万无一失的。后来,其中一名敌特人员慑于人民民主专政的强大威力,悄悄投案自首,将计划向公安部门和盘托出,这一阴谋才被彻底挫败,参与暗杀的敌特人员亦被一网打尽。

4 月的暗杀阴云刚被扫除,5 月,敌特人员又开始行动了。1950 年 5 月 31 日晚,叶剑英正在广州市军事管制委员会(今解放北路迎宾馆)内宴请解放海南岛凯旋的第四野战军将领,院内突然响起猛烈的爆炸声。原来是国民党潜伏特务从北围墙外将一枚自制罐头炸弹扔进院内,幸好没有造成人员伤亡。

6 月 20 日晚,特务分子又在省政府围墙内引爆了一个自制罐头炸弹。针对这两起爆炸事件,公安人员经过缜密侦查,最终将制造爆炸的国民党特务机构"内调局"潜伏在广州的一伙特务分子一举剪除。

见这两起爆炸事件都没有达到目的,敌特人员又开始策划枪击事件。不久后的一天,叶剑英乘车返回住所途中,藏在一辆停在岔路口的卡车中的特务向叶剑英开枪行刺。由于司机机智躲避,叶剑英幸未受伤,但座车被击中,警卫还击后,卡车离开。叶剑英下车后,指着车上的弹孔,笑着说:"就凭这枪法,用不着大惊小怪嘛。应该想法通知毛人凤,再派特务来行刺,非带来一门美式榴弹炮才行。"

短短数月,叶剑英连遭暗杀阴谋,可见敌特人员之猖狂,也足见叶剑英处境之危险。台湾特务机关并未善罢甘休,继续派特务潜入大陆,进行阴谋破坏活动。1952 年春,台湾"国防部保密局"又阴谋策划了刺杀叶剑英的活动,但其行动方案很快被我公安机关截获破译,并引起中共高层的关注。

1950 年 11 月 7 日，叶剑英为广州海珠桥修复通车剪彩

　　6 月 19 日，毛泽东致电华南分局及叶剑英，一方面指示公安部门加紧采取反特措施，一方面嘱咐叶剑英注意安全："剑英行动要特别小心谨慎，不可靠和不必要的群众集会不要去参加。此外要加强警卫。"

　　尽管敌人屡次实施阴谋行刺，但大智大勇的叶剑英依然临危不惧，一如既往地开展各项工作。翻阅当年叶剑英出席各种群众集会的老照片，我们不得不佩服这位老帅身居险境却谈笑自若、无所畏惧的英雄气概。在叶剑英等人的领导下，在公安、警备部队和广大群众的共同努力下，大量特务案件被破获，大批特务被挖出，广州的社会秩序和治安局面慢慢好转。

6

三回故居显风范

叶剑英故居位于广东省梅县雁洋堡下虎形村，坐东北朝西南，前拥池塘，后倚小丘。1897 年 4 月 28 日，叶剑英诞生于此，并在这里度过了他的童年、少年时代。

1916 年冬天，年仅 19 岁的叶剑英离开家乡，从此戎马倥偬，投身中国人民的革命事业，一晃将近 40 年。直到中华人民共和国成立后，叶剑英才有机会回故居。叶剑英生前曾 3 次回故居，每次都于细微处体现了他个人的崇高风范。

1953 年 5 月，时任中共中央华南分局第一书记兼广东省人民政府主席的叶剑英回到梅县视察。在故居，叶剑英共停留了两个小时。他首先在故居周围看了一遍，然后来到母亲生前住过的房间，见房门上锁，在问明现在所住何人后，诚恳地说："借光，麻烦将房门打开，让我看一下我的胞衣迹（出生地）。"

当时在场的宗亲对叶剑英说，房间是你的，何必客气？叶剑英却说："我当然知道房间是我的，但现在已由他人代管使用，他便是现主人，今天我要进此房，必须以礼相待，如果以势压人，这不是我们共产党人的作风。"

随后，叶剑英到母亲墓前参拜。有位村民告诉他："有人想将你母亲的坟挖掉，将地开出来种作物。"叶剑英听后，说："如能开成土地种作物，就由他们拆吧，种上粮食。对国家、对个人有利的事，我们都要支持啊。"同时交代宗亲，"如骸骨

叶剑英故居

被挖出来后，可送到对面深山中去或深埋地下，免得再与生人争土地了。"

1971 年 1 月，时任中共中央政治局委员、中央书记处书记、中央军委副主席兼秘书长的叶剑英在执行公差时顺道回到梅县。在故居，叶剑英见了几位叔侄、伯母，看完房子，又看了村边的水井、田间的小道、村后的祖山。

当看到光秃秃的祖山时，叶剑英问陪同参观的干部："村背后过去满山是树，为什么现在光了？"陪同的干部说："1958 年砍光的。"叶剑英说："1958 年已经过去十几年了，为什么不再种上树？种上，十几年不是又长大了吗？"

中午，在梅县地区革委会接见机关干部时，叶剑英说："这次因公出差，从北京至福建，到广东，都没有做什么讲话。回到家乡，心里很高兴，跟同志们讲几句。我离家半个世纪了。半个世纪以来，我们的国家发生了巨大的变化。但

1980 年 5 月，叶剑英在梅县旧居同亲友一起品尝家乡的客家菜。右二为习仲勋

回家看看，家乡的路还是半个世纪以前的路，田园、房屋还是老爷爷留下来的，没有变。有一样变了，就是山变光了。"这时，陪同的梅县地区革委会领导接话，说这主要是地委的责任。叶剑英说："主要是本地干部缺乏为人民服务的思想。"

1980 年 5 月，中共中央副主席、全国人大常委会委员长叶剑英回到梅县视察，最后一次返回故里。家乡人民很高兴，准备好好接待这位功勋卓著的革命老帅。可是，叶剑英刚到广州就定下规矩：一、不要惊动大家，不搞迎来送往；二、不准宴会请客，只吃三菜一汤；三、不准送礼馈赠。

在梅县用午餐时，负责接待的同志多安排了几个家乡菜，请叶剑英品尝。叶剑英见超出了自己的规定，坚持让把多余的菜端走，这才入座就餐。而叶剑英的随行人员，吃的都是自带的干粮。

攻城不怕坚，攻书莫畏难

翻开叶剑英书架上《社会学大纲》一书的扉页，诗句"攻城不怕坚，攻书莫畏厚"赫然醒目，这是他于 1943 年 1 月 22 日写的。

时隔34年，为迎接全国科学大会，鼓舞全国人民向四个现代化进军，勇登科学技术高峰，叶剑英将原作"攻书莫畏厚"中的"厚"字改成"难"，并重新写了两句，组成了一首新的五言绝句《攻关》："攻城不怕坚，攻书莫畏难。科学有险阻，苦战能过关。"这是叶剑英几十年战斗、学习、工作的经验总结。

从青葱少年到白发老人，从战火纷飞的革命年代到如火如荼的社会主义建设时期，不论是攻城夺堡，还是攻书学习，叶剑英总是发扬"苦战"攻关的精神，

1982 年，叶剑英在北京住所学习

知难而进，敢想敢拼。

马恩列斯和毛泽东的著作，尤其是革命导师的哲学思想和军事思想，是叶剑英孜孜不倦、反复钻研的理论书籍。他曾形象地说："理论好比是一条红线，老同志一脑子珍珠玛瑙。再好的一箩珍珠，不用红线穿起来，还是一箩珍珠。"

对于重要的书籍和文章，比如马克思、恩格斯的《共产党宣言》，列宁的《国家与革命》，毛泽东的《中国革命战争的战略问题》《论持久战》《实践论》《矛盾论》等，叶剑英都要反复阅读和研究。叶剑英经常对大家说，遇到问题要多翻翻马克思、列宁和毛泽东的书，和他们商量。

除了学习政治理论书籍，叶剑英对自然科学方面的书也十分喜爱。20 世纪 60 年代，我国要研制原子弹。作为发展核武器的决策者之一，叶剑英迫切需要了解这方面的知识。为此，他还特聘请专职老师帮他攻读数学、物理、化学、历史、地理等，自己则像小学生一样重新补课，毫不畏难。为深入学好自然科学，即便去广州休假，叶剑英也要抽出时间组织随员们一起学恩格斯的《自然辩证法》。

早年在苏联莫斯科劳动大学学习期间，从未接触过俄语的叶剑英，下定决心攻克语言关，每天废寝忘食，苦读苦练，并常向在苏联高级步兵学校学习的刘伯承请教。经过一年多的努力，叶剑英终于能自己看懂俄文报纸，阅读一些简单书籍了。即使步入耄耋之年，叶剑英也还要坚持学习英语。那时候，叶剑英常常阅读英文的参考清样，亲切地用英语称熟悉外文的陈秘书为老师。

叶剑英不仅自己学，还督促大家办好英语学习班，号召身边的工作人员一起学，包括秘书、警卫员、勤务员、服务员、炊事员等。由于各人的文化程度和学习兴趣不同，学习效果自然不尽相同。不过，只要一看见叶剑英执着的学习劲头，那些产生了畏难情绪、懈怠思想的人，都会立马重新投入学习。

叶剑英认为："在学术上，本来没有平坦的道路，只有不避艰险地迂曲攀登，才有希望到达光辉的胜景。"为了达到这个"光辉的胜景"，叶剑英终生恪守自己的座右铭——"抓紧时间学习，挤出时间学习，偷点时间学习"。叶剑英曾说："学习的时间主要是靠自己挤出来。努力挤，就有；不挤，就没有。"

繁忙的军政工作中，叶剑英一般会早起读书，《辩证法唯物论诸问题》这部近33万字的书，就是他用早起的时间读完的。白天的工作间隙，叶剑英常用来读书看报，自学外语。吃饭和散步的工夫，叶剑英要听秘书根据有关资料汇报的国内外形势。晚上入眠前，叶剑英也要习惯性地读会儿书。

这样一来，叶剑英的休息时间更少了，只好"偷点时间休息"。他有时工作累了，闭上眼睛休息一会儿就可以了。为了革命和建设，叶剑英认为再辛苦再劳累也值得，他已经把工作、学习、休息融为一体了，正如叶剑英在一本书上所作的批注："他在工作着，同时在学习着；他在学习着，同时也在工作着。"

叶帅爱书

　　叶剑英勤奋好学，常常手不释卷。每读完一本书，叶剑英都习惯在书内夹一片树叶或花瓣，以作标记。

　　1963年深秋的一天，叶剑英翻阅读过的书籍时，发现之前夹在书里的一片枫叶，不由得感慨这一片小小的叶子藏在书中已有一年时间了。此时，他抬头看到院中红透的枫叶，不禁触"叶"生情，巧作联想，信手在书的封面上写下了一首诗："翠柏围深院，红枫傍小楼。开书见醉叶，留下一年秋。"后来整理作品时，将第3句改为"书丛藏醉叶"，诗作即为《二号楼秋兴》。

　　这里的"二号楼"，位于北京西山脚下的中国人民解放军军事科学院院内，是叶剑英生前最爱也是停留时间最长的一处住所。二号楼初建时，院内只有几棵稀稀疏疏、长势不佳的杂树。后来，随着军事科学院的不断建设和发展，二号楼周围的环境有了明显改观。红枫翠柏，花草斑斓，小楼耸立其间，树影婆娑，十分恬静幽雅。

1946年，叶剑英与女儿叶向真在北平

　　"翠柏围深院，北京的冬天树叶都落了，绿色很难见到时，这儿还有一片绿，父亲喜欢这个翠柏，也喜欢这个红枫，所以他的诗里头都用了翠柏和红枫这种词。"叶剑英的女儿叶向真回忆说。

　　二号楼不只是一座工作居住的普通小楼，更是一座"藏书

叶剑英在上海住地与女儿下棋

楼"。这里有上万册藏书，种类丰富，马列著作、史地经传、诸子百家、诗词歌赋、科学技术、世界名著，古今中外，无所不及。叶剑英把这些藏书视为珍宝，经常沉醉其中。他常常说，书籍是他的精神食粮，是他干革命、干事业的重要力量源泉。

在叶剑英身边做秘书多年的张廷栋曾撰文说，这些藏书都是叶剑英积少成多，逐渐累积起来的，有些是从战争年代一路携带过来的，有些是中央马恩列斯著作编译局和各省（市、自治区）出版部门赠发的，有些是别人送的，但大部分都是叶剑英自己从书店买的。

叶剑英是个嗜书之人，他特别喜欢去书店买书，经常为得到一本好书而喜形于色。据其身边工作人员介绍，他大约八成的工资都用在买书上了，只剩下两成用于生活开支。

1958年清明节，叶剑英路过扬州，闲暇之余上街寻书，正巧当时著名京剧演员马连良在扬州演出，街上行人竟错把他当成了马连良。叶剑英在他的一首诗中记录了这一趣事："闲踱街头找古书，肩摩踵接笑睬余。都称老板马家到，我问君曾看戏无。"

为了利用好这些图书，叶剑英让秘书们利用业余时间，逐本逐册给图书编目、登记、贴标签，设图书目录、卡片和借书登记簿等。不久后，一个相当规模的藏书室便成形了，为大家读书学习提供了便利。

叶剑英不仅注重藏书，且十分爱惜书。凡是他读过的书，任何情况下，都不能弄丢。别人可以借阅，但没有经过批准，是不能随便乱拿、乱画、乱改的。有一回，工作人员没有经过叶剑英的同意，就拿走了他正在阅读的《辩证法唯物论》，还乱传乱改。叶剑英发现后十分生气，在被改的页码天头上，用红笔批道："谁人传阅，瞎改！"从那以后，大家再也不敢擅自乱动叶剑英的书了，工作人员想看书学习，就得跟他借。

除了自己爱读书，叶剑英还时刻关心别人读书，经常主动为大家推荐好书，把自己刚刚读过的书借给工作人员看，并提倡"一人读书，众人受益"，组织身边的同志们议书评书，谈学习收获。因此，二号楼里经常回响着大家读书讨论的声音。

李先念

的

故事

　　李先念（1909 年 6 月 23 日—1992 年 6 月 21 日），伟大的无产阶级革命家、政治家、军事家，坚定的马克思主义者，党和国家的卓越领导人，是以邓小平同志为核心的党的第二代中央领导集体的重要成员。革命战争年代，李先念一直从事军事斗争，是党领导的人民军队的杰出将领。他骁勇善战，功勋卓著，在重大历史关头不怕牺牲、勇挑重担，敢于斗争、屡建奇功。社会主义革命和建设时期，李先念是党和国家财经工作的卓越领导人。他担任国务院副总理达 26 年，长期分管财政、金融、贸易等工作，为确立社会主义基本经济制度、建立独立的比较完整的工业体系和国民经济体系做了大量卓有成效的工作，为探索社会主义经济建设规律倾注了大量心血。改革开放历史新时期，李先念坚持解放思想、实事求是，积极探索中国特色社会主义道路。在60多年的革命生涯中，李先念同志以"先天下之忧而忧，念人间之乐而乐"的情怀，矢志为信仰奋斗探索，为民族独立、人民解放和国家富强、人民幸福做出了不可磨灭的贡献，赢得了全党全军全国各族人民的崇敬和爱戴。

小李木匠

李先念 8 岁下田、放牛、拾柴，9 岁读私塾，两年后因家贫而辍学，在地主开的杂货店当学徒。李先念从小养成了坚忍不拔、吃苦耐劳的性格，同时，他的独立性、反抗精神也很强，从不愿逆来顺受、任人摆布。

因不堪忍受店主的欺凌和过重的劳动负荷，李先念只干了一年，便愤然离开杂货店，拿着仅够买一挂鞭炮的工钱，回到了家。

旧中国的农村，手艺人比种田佬的社会地位略高些，生活状况也略好些。为了谋生，父母让李先念去学木匠活。李先念曾先后拜 3 位木匠师傅为师，认真学习手艺，比较熟练地掌握了选材、绘图、计量尺寸、斧锯凿刨等技能，能制作犁锄、水车、桌椅、箱柜等。

在此期间，李先念还常利用晚上的时间学习文化。没有菜油，李先念就上山砍些松明子照明，或借着月光读书写字；没有纸笔，就削根尖棍当笔，在地上写写画画。

因为李先念聪明好学，肯吃苦耐劳，做活精细，一丝不苟，能独立制作一些简易的木器，故尚未出师，师傅就放手让他走乡串户，单独干活。至今，湖北省红安县李先念纪念馆里，还保存着他当年用过的木工工具和他制作的一张方桌。

李先念当年亲手做的椅子

李先念广泛接触社会，耳闻目睹了许多不公平现象，增长了见识，愈加同情穷苦人，憎恨地主老财。李先念经常哼唱着自编的地方小调，抒发一腔愤懑之情。

刘华清等回忆说："我们都比他小几岁。我们当中，有的家与先念同志家只一河之隔，儿时就知道先念同志的名字，听过他为穷人打抱不平的事迹。先念同志12岁起先后在家乡和汉口学木工，凡是穷苦人家求他做木工活，他都热情相助，而对地主豪绅家，他却不情愿去干，就是干了，也不认真，还要他们多付工钱。他这种爱憎分明的立场和朴素阶级感情，在穷苦人中产生了很大的影响，人们都亲切地称他小李木匠。"

手艺初学成，经师傅介绍，15岁的李先念只身到了武汉，在球场街一家寿器店做工。寿器店有30多名工人和徒工，李先念年龄最小。李先念除了干些烧水、煮饭、打扫卫生的杂活外，得空就进工房，给师傅们打打下手。因为有木匠手艺的基础，李先念总能帮到点子上，所以很受师傅们欢迎。

有位老师傅见李先念踏实细致，不怕苦累，便禀明店主，收他当了徒弟，手把手地给他传授寿器工艺。李先念参加革命后，有人曾开玩笑说他是"做棺材的"，他风趣地回答："我是为旧社会造棺材的。"

在武汉期间，李先念的视野逐渐开阔，人与人的关系及一些社会问题成了他经常思考的焦点。

李先念晚上住在寿器店街对面的庆和茶馆里，常与工人师傅们聊天，见识了三教九流。晚上，李先念还经常去江边码头出苦力扛麻袋，挣点儿零用钱，与码头工人交朋友，因此，李先念对码头工人所受的压迫和剥削有着切身的体会。李先念后来回忆：在汉口的这段生活，对理解马克思关于资本家剥削工人的理论，很有帮助。

贫富悬殊、阶级压迫的残酷现实，军阀混战、民不聊生的动荡局面，国共两党的革命主张和宣传，在武汉这座大工业城市不断引发工人罢工、学生游行的风潮，深深触动着李先念的心。他和许多工人、农民一样，渴望翻身，渴望光明，渴望打倒军阀……"小木匠"立志要和被压迫的人民一起打造一口埋葬旧世界的"大棺材"！

率先遣军过草地

在中央的团结方针和朱德、刘伯承、徐向前等人的积极推动下，1936年6月上旬，张国焘宣布取消"第二中央"，成立中共西北局，率领红二、红四方面军共同北上。25日，红四方面军决定分左、中、右3支纵队，会同即将到达的红二方面军，向松潘、包座一线前进，并任命李先念为北上先遣军司令员兼政委，率领由红三十军直属队、红八十九师、总部骑兵师组成的先遣军，提前出发，为

李先念率部走过的泥沼遍布的若尔盖大草地

红二方面军和后续部队筹集途中所需的粮食、牛羊等。

部队出发后不久就到了草地边沿。6 月的草地，雨水少，晴日多，不像第一次、第二次过水草地那样艰难危险。筹集粮食、牦牛，是先遣队的一项主要任务。7 月中旬的一天，草地里晴空如洗、烈日当头，部队走得汗流浃背，奉令停下来休息。

这时，李先念突然接到骑兵师送来的报告：西北方向 10 多里的地方，发现了很大的牛场，漫山遍野都是牛群。李先念一听，大喜过望，翻身上马，边跑边命令部队跟上，去包围牛场。这时，为土司头人放牧的藏民发现多路骑马的红军前来，慌忙赶着牛群逃跑。李先念见状，忙叫通司（翻译）喊话：大家不要害怕，不要逃跑，红军用大洋买你们的牛羊！左喊右喊，他们不跑了，又经过一番交涉，才同意将上万头牛羊统统交给红军。搞到这么多的牛羊，指战员们看得眼花缭乱，个个笑逐颜开，庆幸这一重大收获。

当天下午，李先念召集各团领导开会。他说："今天搞了这些牛羊，并不意味着我们想吃多少就宰多少，主要留给后续部队，特别是总部和红二方面军的同志们。各部队可以按规定数字宰杀食用一部分，不准多杀一头。"

接着，李先念宣布：每个连牛两头，羊 3 只；营部牛 1 头；团直属队牛 5 头；师、军直属单位按百人计算，头数与连队相同。

李先念还要求，牛皮要想办法食用，牛羊骨头要煮汤喝，能吃的都吃掉，不准丢弃和浪费。羊皮不能吃，送给放牧的藏民。所有的牛羊，集中由第二六四团一个营看守，等待后续部队接管分配。

第二天下午，李先念命令各部队、各单位检查宰杀牛羊的情况，并向他汇报。经核查，发现有违纪现象：第二六四团一个副营长叫某连多杀了两头牛，牛皮没有留下食用，而是埋掉了；有个营政委未执行将牛羊骨头煮汤吃的规定；卫生部一个炊事班班长将未煮的牛羊骨头当柴火烧了。

李先念听完后，严肃地说："命令不执行，这还了得！后续部队还没有吃上，我们就搞浪费！"他当场宣布撤了那位副营长的职，还给营政委和炊事班班长以严重处分。

部队继续前进，炊事班的同志将一部分牛羊肉留着，以便行军路上让大伙儿慢慢享用。有天晚上住下后，他们到河里洗牛羊肉和肠肚，接着生火煮熟，分给大家吃。大家边吃边说："好几天没有肉吃了，这香喷喷的牛肉，真是解馋啊！"机要室的两位女同志舍不得一次吃完，将分到的牛肚留下了一些。

第二天行军休息时，她们兴致勃勃地将牛肚取出来，突然"啊"一声，大叫："我的妈呀，你们看！我们昨天吃的牛肚多脏啊！这么多牛粪都没有洗干净，都叫我们给吃啦！"说完，气呼呼地拿上牛肚去找李先念，说："李政委，你看！炊事班的同志不负责任，拿这么脏的牛肚给我们吃。"

李先念知道炊事员忙活了大半夜，非常辛苦，而且夜晚在河边洗这些东西，不容易洗净，就笑着说："你们昨天夜里不是吃得很香吗？我们也都吃了，不用大惊小怪。困难情况下能填饱肚子就很好嘛！忍耐点，将来革命胜利了，你们想吃这样的牛肚，还吃不上呢。"李先念的话，把大家都逗笑了。

在李先念的领导下，先遣军出色完成了筹集粮食的任务，经过一个月的行军，终于走出了草地。后续部队也分别于 7 月 27 日至 8 月 1 日陆续走出草地，向包座地区集结。

就任财政部部长

1954 年 4 月 27 日，中共中央政治局扩大会议决定撤销大区一级党政机构，加强中央部门工作。担任财政部部长不到一年的邓小平，调任中共中央秘书长。中央经研究决定：李先念上调中央，出任财政部部长并主管中财委第二办公室（即

1954 年 6 月 19 日，李先念和陈云在交谈

财贸办公室）工作。

李先念到中央工作，是由时任政务院副总理兼财经委员会主任的陈云推荐的。陈云之所以向毛泽东、周恩来推荐李先念接任财政部部长，一方面是因为李先念在湖北省的工作干得很出色，另一方面是因为此前李先念在稳定中南地区各省的财经工作中做出过突出贡献。

虽然李先念原本不懂经济，但他善于学习，善于调查研究，善于从群众中总结经验。在他的领导下，中南地区各省连打了几个经济仗，沉重打击了投机商和不法商人的嚣张气焰，稳住了市场，控制了物价，恢复了经济，发展了生产，解决了中南地区各省的粮食问题。李先念认真贯彻执行党的总路线和总任务，潜心探索工业化建设、社会主义改造和财经工作的特点与规律，摸索总结了不少有价值的新经验，多次被党中央和毛泽东批转全国推广。

接到调任通知后，李先念感到压力很大，同周恩来通过几次电话，才开始向中南地区党政领导人交接工作。5 月 15 日，李先念在致上海市委代理第一书记陈丕显的信中谈道："我不日去京工作。我这个人你们都是知道的，深感心有余而力不足，理论水平低，文化程度有限，工作难免犯过错。然而在中央直接领导下，尽可能少犯错。今后请你们多加帮助。"

李先念对身边工作人员说，北京老同志多，要注意尊重老同志。李先念安排两个女儿同他一起走；儿子因发高烧未退，等高烧退了，再同李先念的妻子林佳楣一起去北京。李先念只带一名秘书和一名警卫员，其他警卫人员和司机由机关另行分配工作。到北京后不久，警卫员也返回武汉，由省机关另行安排工作。

李先念还说，到北京后，在住房、家具等生活方面的问题上，不要再向中央有关部门提出特殊要求，带上还可以使用的部分旧家具和炊事用具，节省开支，免得又买新的。

受毛泽东委托，李先念到北京后，陈云和邓小平同他谈话。李先念提出，当财政部部长要管理全国财政，还必须懂全国经济，新岗位新任务，深感责任重大，怕干不了，恐难胜任。

陈云、邓小平听后，都表示相信他，坚持让他担任。李先念知道不能再推辞，便诚心诚意地请陈云、邓小平做他的老师，帮助他学习财经知识，做好财经工作。他说："要我干，你们两位定要多帮助指导，千万不要撒手不管。"

事后，李先念给湖北省委负责人王任重、刘子厚等人写信，说道："到中央之后，只了解了一些情况，是重大而复杂的，我之能力胜任不了，与陈、邓谈，但不允，只有勉强工作。"

和陈云、邓小平谈话后，李先念感到思想压力很大，觉得自己难以胜任财政部部长一职，这不是谦虚，而是发自内心的担忧。李先念幼年时只读过两年私塾，后来虽然自学了一些文化，但文化水平总体不高。参加革命后，因常年带兵打仗，更没有机会集中学习。

毛泽东听邓小平说李先念顾虑重重，便准备和李先念谈一谈。6 月 1 日，李先念来到中南海毛泽东住处，两人一见面，李先念就提出："我当不了财政部部长，没有那个能力和水平，请中央再考虑由其他更合适的人当财政部部长。"

毛泽东严肃而又风趣地说："你干不了，不想干，只好把国民党的孔祥熙、宋子文从台湾请回来，让他们干了。"

李先念一听，知道这话是批评也是信任，便立马表态说，既然中央已经决定了，就坚决去干，还要争取干好。

1986年10月4日，李先念在平壤和朝鲜国家元首金日成会谈时，还谈起当年毛泽东要他当财政部部长的事。李先念说："我和外国朋友讲，我这个人是打仗出身的，搞经济我没有把握，需要有人帮助。解放后毛主席要我当财政部部长，我说我不行。毛主席说，你不行，就只有请蒋介石的人了。我说那不行，蒋介石的人还不如我，还是我来干好啦。"

1954年6月19日，中央人民政府委员会第三十二次会议决定，任命李先念为中央人民政府财经委员会副主任兼财政部部长。9月，第一届全国人民代表大会第一次会议在北京举行，会议通过了《中华人民共和国国务院组织法》，国务院正式组建。根据这次会议决定，共和国主席毛泽东任命李先念为国务院副总理兼财政部部长。从此，李先念担任中华人民共和国财政部部长长达22年。

我真心请求将我的名字删掉

抗日战争时期，李先念因中央让他同时担任鄂豫边区党委书记、新四军第五师师长兼政治委员等要职而"坐卧不安"，在请辞的同时推荐其他同志担任。中华人民共和国成立后，面对职务的提升，李先念仍然表现出自己一贯的谦虚谨慎的作风。

　　1956年9月15日，中共第八次全国代表大会在北京开幕。时任国务院副总理兼财政部部长的李先念，作为中南代表团团长出席了大会。9月27日，经过充分酝酿和发扬民主，八大进入正式选举阶段，选举中央委员97名、候补委员73名，李先念当选为中央委员。中央委员会选举结果出来以后，中央政治局委员候选人名单也随即公布。

　　事前，李先念并不知道名单中有自己，当他看到八届中央政治局委员候选人名单时，感到很意外。在17位候选人中，党的七届一中全会选举和七届五中全会增补的中央政治局委员共计11人：毛泽东、刘少奇、周恩来、朱德、陈云、邓小平、林彪、林伯渠、董必武、彭真、彭德怀。

　　新提名的6人，包括4位开国元帅刘伯承、贺龙、陈毅、罗荣桓和中共创建时期入党的老同志李富春，另外一人就是李先念。在17位候选人中，数李先念年龄最小，也可以说资历最浅。尤其是当看到徐向前、聂荣臻、叶剑英3位开国元帅及王稼祥、邓子恢等诸多老资格的革命家都不在政治局委员候选人名单上时，

1956年9月15日至27日，李先念（中间前排左六）出席在北京召开的中国共产党第八次全国代表大会，并在八届一中全会上当选为中央政治局委员

李先念更感压力巨大。

当天晚上，李先念就写信给陈云、邓小平，并请他们转中央。信件原文如下：

在提中央委员会候选人名单的时候，我没有提过意见的，但是在刚才政治局候选人名单公布之后，对我来说，等于晴天霹雳，心情极端沉重。无论从哪方面来讲，能力和资历，就在中央工作的时间来说，不应当提到我的。比我能力强、资历深和在中央长久工作的同志多。将我的名字摆上，对党对我个人都是不好的。而且应当说到，我的年龄虽然比党内一些同志小些，但身体也不好，经常头痛。因此，不行、不顺，我算是最突出的。为此，我真心请求将我的名字删掉。还是让我在中央机关做一点工作，这对我还是一个锻炼。这是我的衷心话。时间急迫，心情不安，要求中央慎重考虑。

但是，中央从工作需要出发，没有接受李先念的意见，在第二天中共八届中央委员会第一次会议上，李先念仍被列入中央政治局委员候选人名单，并当选为中央政治局 17 名委员之一。李先念当时 47 岁，是八届中央政治局委员中最年轻的。在 1958 年 5 月 25 日召开的中共八届五中全会上，李先念又被增选为中央书记处书记。

5

我是国家的副总理，不是红安的副总理

李先念具有坚定的无产阶级党性。他热爱故乡，关心亲人，但一生从未允许家乡和亲属搞特殊化。

李先念的哥哥在汉阳砖瓦厂当工人。哥哥患有慢性病，家里孩子又多，生活

1979 年 5 月，李先念在家乡湖北红安视察

很困难。李先念嘱咐哥哥不要随便开口向公家要补助，自己拿出一部分工资补贴哥哥一家。哥哥去世后，家里收入更少了，李先念的妻子林佳楣每月固定寄钱过去，哥哥一家的生活才得以勉强维持。

李先念有个侄子叫李良银，在江苏仪征化纤厂当基层干部。有一年，李先念到江苏视察工作，来到了仪征化纤厂。李先念提出想和李良银见个面，厂里的负责人都很吃惊，这才知道李良银是李先念的侄子。李良银解释说，叔叔早就嘱咐过我们，不要宣扬叔叔是谁，所以我们家里人一直"保密"，不对外人说。

在李先念的严格要求下，他的姐姐、侄儿、侄媳等，一直生活在农村，和当地农民群众一样，靠种田过日子。20世纪五六十年代，有的亲属、乡亲想请李先念帮忙，在城里安排个工作，当个干部。李先念总说："我没有这个权哟，共产党的干部是干出来的，不是我口袋里掏出来的！"

1979 年，李先念回乡时，侄儿、侄媳、侄孙、外甥等从各地赶来看他，要求与他合个影，他满口答应了。照完相，李先念当着陪同的省、地、县领导同志的面，对自己的亲属说："可别拿我的照片去招摇撞骗哟！"亲属中有个别人原想乘机找份工作，听李先念这么说，只好打消了念头。

李先念深爱着自己的家乡，家乡处处留下了他的战斗足迹，铭记着他的关切之情。李先念晚年生病住院期间，还惦念着家乡人民和家乡的建设。

在逝世前第27天，李先念在医院插着氧气管接见了红安县委代表。他关心红安的铁路、公路建设，关心红安的工农业生产，关心红安的绿化、教育，再三叮嘱要搞好红安老区的各项建设，让群众早日富裕起来。

李先念为红安的革命和建设倾注了大量心血，却从不利用职权给自己的家乡一点点特殊照顾。"大跃进"时，红安县派人带着县委介绍信来，要求解决几部解放牌大卡车，说是运输上的需要。李先念请来人吃了顿饭，然后解释说，我是全国的副总理，要照顾到全国，不能只照顾红安呀！后来，大卡车并未在李先念这儿得到"解决"。

1960年10月，李先念回故乡调研，姐姐李德琴说："先念啊，你做了这么大的官，红安缺粮，你也不管管？"李先念严肃地说："我的姐姐哟，你不要讲蛮话，红安人要吃饭，黑安人也要吃饭啊！全国这么大，到处缺粮食，都像你们这样伸手，我李先念有天大的本事也招架不下，你就不能为我想一想？"

1988年4月，李先念与姐姐李德琴一家在湖北红安合影

见姐姐低头不语，李先念稍微缓和了口气，说："当然，我手里并不是完全没有粮食，也不是没权力调拨。我是国家的副总理，不是红安的副总理，红安缺粮，只能由省里调剂解决，我个人无权给红安拨粮。"

1970年，李先念的亲侄子受大队的委托，到北京找李先念要拖拉机。李先念说："拖拉机有，但我不能给，我是国家的副总理，不是红安的副总理嘛！"他还让侄儿回去告诉大队、公社，今后不许任何人找他要东西，否则一律不见。

国家决定修建"京九铁路"时，计划中有一条从干线至武汉的联络线，这条联络线的走向有3个方案，其中之一是经过大别山腹地麻城、红安的。如果采用这个方案，麻城、红安及周边的几个山区县的农副产品就可以顺畅地运出去，外面的东西也可以运进来，这对大别山老区的建设具有重大意义。

红安的领导同志进京找李先念，李先念听了反映后觉得合情合理，就与铁道部及湖北的同志商量，建议采用这个方案，并建议在红安的八里湾设站。如果说这也算为家乡谋"私"的话，那么这是李先念一生中唯一的一次。

中华人民共和国成立后，李先念曾先后5次回乡视察，并多次接见红安干部群众代表，对红安的各项工作作出指示。每次见到故乡来人，李先念都要问长问短，听到故乡有所发展就十分高兴。

1988年4月，李先念最后一次回到红安。一踏上故土，李先念就感慨万分。看到沿途村庄新建的各式楼房和满山满畈的丰收景象，李先念对前来迎接的红安县委领导说："快10年没回，变化不小啊！"

在住地，李先念与省、地、县负责同志座谈。李先念半是叮嘱半是希冀地对当地干部说："家乡的事情就拜托你们了，希望你们经常有喜讯传到我那里！"

6

劳动人民的本色

李先念出身贫苦，当过学徒，投身革命后在艰苦的战争环境里磨炼了二十几年，吃了很多苦，养成了俭朴的生活习惯。中华人民共和国成立后，生活条件好了，地位高了，但李先念那俭朴的生活习惯却没有变，始终保持着劳动人民的

1978 年 1 月，李先念穿着普通的军大衣与武汉钢铁公司工人在一起

本色。

　　每月月初，李先念的妻子林佳楣将开销交给家里唯一的阿姨，月底，阿姨向林佳楣汇报本月详细的支出情况。家里伙食由阿姨安排，精打细算。在李先念家的餐桌上，看不到山珍海味，只有粗茶淡饭。

　　李先念喜欢清淡，最爱吃青菜、土豆和红薯。李先念的早饭常是一碗粥、一个馒头、一碟腐乳、一碟咸菜；中晚餐也不过一荤一素一个汤，顶多再加个小碟子。留客人吃饭，也不加菜，只是数量多一点儿。即便是过生日，李先念也往往只是在中午吃面条时放上几块红烧肉和一个鸡蛋，晚饭只比平常多一个菜，没有任何讲究，没有大餐，更谈不上排场。

　　餐桌，是李先念讲课的好地方。李先念不许家人剩饭，他常在饭前或饭后给家人讲"粒粒皆辛苦"的传统。吃饭时，李先念还常把孩子们掉在桌上的饭粒，捡起来放进自己嘴里。

　　李先念的身体不太好，医生建议补充维生素，家人每天给他榨一杯橙汁。得知榨一杯橙汁要用五六个橙子时，李先念惋惜地说："太浪费了，以后不要榨橙汁，吃两个就行了。"李先念晚年在北京医院住院期间，为了给父亲补充营养，孩子们有时会去人民大会堂的餐厅打一份汤，每次花25元钱。李先念知道后，一再嘱咐别去打汤了，太贵了。

李先念外出视察工作，一律要求地方从简，不得浪费。他每次去外地，都要提醒身边工作人员两件事，一是当地有什么吃什么，不吃贵重食品，贵重食品要留作出口换外汇；二是按中央规定办，四菜一汤，吃饭付钱，不能收礼。

李先念穿着随便，从不讲究，很注意节省。解放初进武汉后，李先念一直是军装不离身，从老解放区穿来的军棉衣、军大衣也穿了好多年。因为要接待外宾，接见民主人士，才做了一套中山装。李先念的外衣，破了就补，不合身了就改；衬衣、领子破了，翻过来缝上再穿，一身衣服要穿许多年。

李先念喜欢穿布鞋，说穿布鞋比穿皮鞋舒服。1983年，李先念当选为国家主席，外事活动频繁，必须穿皮鞋。警卫秘书想了个办法：把皮鞋放在车上，抵达人民大会堂后，李先念在车上换上皮鞋，会见外宾结束后上车，再脱掉皮鞋换上布鞋。后来，李先念一直保持着这个习惯。

李先念穿过的布鞋，前头磨破了，后跟磨得很薄了，也不让丢，而是改成拖鞋继续穿。李先念盖的棉被是自己家缝制的，离京外出或出国访问，他都一直带在身边，盖了十几年也不舍得换。

李先念的卧室、会客室很简朴，没有什么豪华的摆设，未经他的允许，严禁翻修和添置物品。李先念调到北京时，机关行政部门对分配给他的旧房进行了翻修。李先念知道后，把工作人员和财政部行政处的负责人叫去，当面严厉地批评。从那以后，无论是他的办公室还是宿舍，工作人员都不敢擅自兴建或翻修。

李先念的办公家具都是老旧的，有的还是他从湖北带到北京的。在湖北时，李先念的办公室里除了毛主席的肖像外，就是一些书籍，一台电子管收音机和接收时统一分配的两套旧沙发。有人建议购置一台收录机，录放一些唱片，并准备在重要会议时领导同志即席讲话整理材料用，李先念听说要从香港进口，便始终没同意。1954 年，李先念从湖北调往中央工作前夕向秘书提出，把他用过的家具带到北京，免得公家花钱买新的。工作人员遵照李先念的意见，把他在湖北办公用的桌椅、沙发等都搬上了火车。

李先念办公桌上的用品也很简单，一个墨盒、一个放大镜、几支毛笔、几支铅笔，最显眼的就是一个黄色的笔筒，那是用半截炮弹做成的，是抗美援朝时志愿军送给他的纪念品，一用就是几十年。

平易近人的主席

李先念对身边的工作人员很重感情。工作人员病了，他亲自到医院看望，或派人拿上水果去探视。因为关系融洽，不少同志在他身边一干就是几十年。如被李先念尊称为"元老"的王嫂，在李先念家当保姆、服务员、厨师几十年，70多岁才回武汉；司机老刘给李先念开车，当服务员、管理员，也是一干几十年。

李先念管了几十年全中国的钱，在家却从不管钱。外出吃饭、理发、买烟，都是警卫员替他付钱。警卫员是他的"财政部部长"。李先念很信任他们。

如果有一起战斗、工作过的老同志想见李先念，只要身体允许，李先念都会安

1983 年 11 月 2 日，李先念在福建省三明市轧钢厂宿舍看望职工

排接见。有一次，一位老战友要来看李先念，考虑到他身体不适，工作人员就没报告他。李先念知道后，严肃批评了工作人员，并让人捎信向老战友道歉，说今后什么时候来都可以。

不摆架子，平等待人，态度亲切，平易近人，这种作风使李先念走到哪里都能和群众打成一片。李先念常对身边的工作人员讲："水能载舟，也能覆舟。人民是水，共产党是舟，共产党不能脱离人民。我们的一切工作都不能脱离群众。"

李先念有时于工作之余，和家属、警卫员一起步行到住处附近的西养马营工人俱乐部看电影。他和普通观众一样，购票入场，按指定座位入座，从不事先通知主管部门或公安部门。李先念还常到新街口浴池去洗澡、修脚，去的次数多了，就和搓背、修脚师傅熟了。李先念喜欢和师傅们攀谈家长里短和北京的一些

1988 年 6 月 1 日，李先念来到孩子们中间

情况，从中也了解了不少问题。

李先念到北京饭店理发时，也是一边理发一边和师傅聊天，师傅一点儿也没感觉他有国家领导人的"派头"。这位师傅去世时，李先念还专门派人送去了花圈。

因为工作关系，李先念常去人民大会堂。李先念在接见外宾或开会的间隙，常和大会堂的工作人员拉家常，关心他们的工作和学习，关心他们的婚姻和家庭生活。时间久了，李先念在那里交了许多好朋友。

李先念平易近人的作风，像周恩来总理等领导人一样，国内外闻名。李先念担任国家主席期间，经常出国访问。作为中国人民的使者，李先念到处传播友谊，宣传和平共处五项原则，广交天下朋友。他不仅做上层领导人的工作，而且非常注重做普通工作人员的工作。每到一地，他都不忘做三件事：给服务员签名，看望厨师，同接待人员合影留念，借此表示对他们的感谢。

1985 年夏，李先念出访加拿大，住在总统府。那里的一个华人厨师接待李先念后，在报纸上发表文章说："我接待过许多国家元首，从没见过像李先念主席这样平易近人的。"

参考书目

[1] 中共中央党史研究室 . 中国共产党历史(第一卷)[M]. 北京：中共党史出版社,2011.

[2] 中共中央党史研究室 . 中国共产党历史(第二卷)[M]. 北京：中共党史出版社,2011.

[3] 中共中央党史研究室 . 中国共产党的九十年 [M]. 北京：中共党史出版社,党建读物出版社,2016.

[4] 中共中央文献研究室 . 毛泽东年谱(1893—1949)[M]. 北京：中央文献出版社,2013.

[5] 中共中央文献研究室 . 毛泽东年谱(1949—1976)[M]. 北京：中央文献出版社,2013.

[6] 中共中央文献研究室 . 周恩来年谱(1898 — 1949)[M]. 北京：中央文献出版社,1998.

[7] 中共中央文献研究室 . 周恩来年谱(1949 — 1976)[M]. 北京：中央文献出版社,1997.

[8] 中共中央文献研究室 . 刘少奇年谱(1898—1969)[M]. 北京：中央文献出版社,1996.

[9] 中共中央文献研究室 . 朱德年谱(1886—1976)[M]. 北京：中央文献出版社,2016.

[10] 中共中央文献研究室 . 任弼时年谱(1904—1950)[M]. 北京：中央文献出版社,2014.

[11] 中共中央文献研究室 . 邓小平年谱（ 1904 — 1974 ）[M]. 北京：中央文献出版社,2009.

[12] 中共中央文献研究室 . 邓小平年谱（ 1975 — 1997 ）[M]. 北京：中央文献出版社,2004.

[13] 中共中央文献研究室 . 陈云年谱（ 修订本)[M]. 北京：中央文献出版社,2015.

[14] 中国人民解放军军事科学院 . 叶剑英年谱（1897—1986 ）[M]. 北京：中央文献出版社,2007.

[15]《李先念传》编写组 . 李先念年谱（ 1909—1992 ）[M]. 北京：中央文献出版社,2011.

[16] 中共中央文献研究室 . 毛泽东传 [M]. 北京：中央文献出版社,2010.

[17] 中共中央文献研究室 . 周恩来传 [M]. 北京：中央文献出版社,2018.

[18] 中共中央文献研究室 . 刘少奇传 [M]. 北京：中央文献出版社,1998.

[19] 中共中央文献研究室 . 朱德传 [M]. 北京：中央文献出版社,2016.

[20] 中共中央文献研究室 . 任弼时传 [M]. 北京：中央文献出版社,2014.

[21] 中共中央文献研究室 . 邓小平传（ 1904—1974 ）[M]. 北京：中央文献出版社,人民出版社,2014 年 .

[22] 中共中央文献研究室 . 陈云传 [M]. 北京：中央文献出版社,2015.

[23]《叶剑英传》编写组 . 叶剑英传 [M]. 北京：当代中国出版社,2006.

[24]《李先念传》编写组 . 李先念传 [M]. 北京：中央文献出版社,2009.

[25]《缅怀毛泽东》编辑组 . 缅怀毛泽东 [M]. 北京：中央文献出版社,1993.

[26]《怀念周恩来》编辑组 . 怀念周恩来 [M]. 北京：人民出版社,1986.

[27]《缅怀刘少奇》编辑组 . 缅怀刘少奇 [M]. 北京：中央文献出版社,1988.

[28]《回忆朱德》编辑组 . 回忆朱德 [M]. 北京：中央文献出版社,1992.

[29] 杨瑞广,蔡庆新. 缅怀与研究 [M]. 北京:中央文献出版社,1995.

[30] 中共中央文献研究室. 回忆邓小平 [M]. 北京:中央文献出版社,1998.

[31]《缅怀陈云》编辑组. 缅怀陈云 [M]. 北京:中央文献出版社,2000.

[32]《怀念李先念同志》编辑组. 伟大的人民公仆:怀念李先念同志 [M]. 北京:中央文献出版社,1993.

[33] 杨尚昆. 杨尚昆日记 [M]. 北京:中央文献出版社,2001.

[34] 薄一波. 若干重大决策与事件的回顾 [M]. 北京:中共党史出版社,2008.

[35] 师哲. 在历史巨人身边——师哲回忆录 [M]. 北京:中央文献出版社,1991.

[36] 中共中央文献研究室,中央档案馆,中国人民解放军档案馆,荣宝斋. 老一辈革命家书法艺术精选 [M]. 北京:中央文献出版社,荣宝斋出版社,2012.

后记

本书编写出版过程中，参考了相关图书、报刊等资料，借鉴和吸收了其中的研究成果，引用了相关回忆录、口述文献等，在此表示衷心感谢。为了使广大读者更深刻、形象地了解中共党史和老一辈革命家，书中还引用了大量历史照片和书画作品。我们已和书中大部分照片和书画作品的著作权人取得联系，并获得授权，但因种种原因，还有部分著作权人未能取得联系。敬请各位相关权利人尽快与出版社联系，出版社将按照《著作权法》的有关规定支付稿酬。

征得著名中共党史和中国近代史专家、中国史学会原会长金冲及先生同意，本书《序》为金老此前为拙作《垂范——引燃真理之火的共和国领袖》所作《序》的节录。在此，特向老前辈致以由衷的感谢！还要感谢福建少年儿童出版社的支持，特别是为本书的出版付出心血的领导和编辑同志，通过此次合作，我们之间建立了宝贵的友谊和信任。

因本人水平所限，书中难免出现疏误或不当之处，敬请广大读者批评指正！

作 者

2021 年 7 月